# LES IMPRIMEURS

ET

# LES LIBRAIRES

## DU DÉPARTEMENT DE LA VIENNE

(HORS POITIERS)

PAR

## A. DE LA BOURALIÈRE

POITIERS

IMPRIMERIE BLAIS, ROY & Cie.

7, RUE VICTOR-HUGO, 7.

—

1896

# LES IMPRIMEURS & LES LIBRAIRES

## DU DÉPARTEMENT DE LA VIENNE

### (HORS POITIERS)

_de nouposaunes - d'eaet en niuel à Po Re..._

Q

$\int$°.

# DU MÊME AUTEUR :

L'Imprimerie à Thouars. Saint-Maixent, 1892, in-8° de 7 pages.

Les Débuts de l'Imprimerie à Poitiers (1479-1515). Paris, Em.
Paul, L. Huard et Guillemin, 1893, in-8° de 70 pages avec 3 planches.

Nouveaux Documents sur les Débuts de l'Imprimerie à Poitiers.
Paris, Em. Paul, L. Huard et Guillemin, 1894, in-8° de 64 pages avec
6 planches.

Notes sur les imprimeurs de Thouars. Saint-Maixent, 1895, in-8° de
14 pages.

———

EN PRÉPARATION :

L'Imprimerie à Poitiers au XVI<sup>e</sup> siècle.

# LES IMPRIMEURS

ET

# LES LIBRAIRES

## DU DÉPARTEMENT DE LA VIENNE

(HORS POITIERS)

PAR

## A. DE LA BOURALIÈRE

POITIERS

IMPRIMERIE BLAIS, ROY & Cie

7, RUE VICTOR-HUGO, 7.

—

1895

# LES IMPRIMEURS ET LES LIBRAIRES

## DU DÉPARTEMENT DE LA VIENNE

(HORS POITIERS)

### Par M. A. de la BOURALIÈRE

———◦◦◦———

## CHAPITRE I. — LOUDUN.

### Quentin Maréchal

OUS avons discuté dans de précédentes études les origines de l'imprimerie à Poitiers, et nous avons émis l'opinion que Jean et Étienne de Gradi y apportèrent, probablement en 1478, l'art inventé par Gutenberg. L'industrie nouvelle se répandit peu à peu sur tous les points de la France. A Poitiers même elle se développa rapidement et jeta au xvi$^e$ siècle un éclat qui n'a pas été surpassé depuis. Mais il fallut attendre plus de cent ans la création d'autres ateliers typographiques dans les villes secondaires de la province. C'est en 1594 seulement que Thomas Portau vint se fixer à Niort ; c'est au début du xvii$^e$ siècle que Fontenay voit fonctionner les presses de Jacques Dangicourt et de Pierre Petit-Jean ; ce fut en 1616 qu'Agrippa d'Aubigné appela à Maillé l'imprimeur

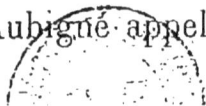

de Niort, Jean Moussat, pour répandre ses œuvres dans le public. Enfin, pour la partie du Poitou qui forme maintenant le département de laVienne, c'est en 1619 que Quentin Maréchal arrive à Loudun et y fonde un établissement qui ne devait avoir qu'une courte existence. Il est intéressant de remarquer que l'écho des luttes religieuses qui désolèrent si longtemps le Poitou se fait entendre dans toutes ces petites imprimeries et que celles-ci s'alimentent tout d'abord presque exclusivement de productions empreintes des passions du moment. Si la guerre entre catholiques et protestants faisait trêve sur les champs de bataille, elle se continuait non moins ardente dans les discussions et les écrits. Une autre observation à noter est le rôle prépondérant que prennent les protestants dans ces importations de la première heure. Il est vrai que Poitiers, la ville profondément catholique, produisait à elle seule plus que toutes les autres imprimeries réunies de la région, y compris la Saintonge et l'Aunis.

Loudun était alors une des villes du Poitou (1) où les adeptes de la Réforme étaient le plus nombreux et le plus puissants. Nous rappellerons la fameuse conférence qui s'y tint en 1616 et aboutit au traité connu sous le nom de *Paix de Loudun*. Cette ville ne possédait pas encore d'imprimeur, et en cette même année il fallut recourir aux presses de Thomas Portau, qui avait depuis longtemps transporté son atelier de Niort à Saumur (2), pour y faire imprimer le

(1) Loudun était le siège d'un bailliage qui ressortissait du parlement de Paris et le chef-lieu d'une élection dépendant de la Généralité de Tours. Le pays de Loudunais fut envahi de bonne heure par les comtes d'Anjou et détaché du Poitou, mais il a toujours fait partie du diocèse de Poitiers; il était régi par une coutume particulière.

(2) Voici les dernières impressions de Thomas Portau à Niort:
*Réponse de G. Pacard aux censures et repréhensions du Provincial des Car-*

« Stile et règlement des Bailliage et Prévosté royal de Lodun », petit in-8° de 80 pages.

Peu de temps après, en 1619, les députés de toutes les églises réformées de France se réunissaient à Loudun, avec la permission du roi, pour y tenir leur assemblée générale ; ils y discutaient les intérêts de leur parti et aussi, par occasion, l'autorité du pouvoir central. C'est dans ces circonstances que Quentin Maréchal apporta son mince bagage typographique dans la petite ville alors très agitée, soit qu'il y fût appelé par les protestants désireux d'avoir un imprimeur sous la main, soit qu'il se sentît attiré par l'espoir de recueillir travail et profit des événements qui allaient se passer. Il pouvait en tout cas compter sur un bon accueil de la part de ses coreligionnaires, car il appartenait alors à la doctrine réformée, sauf à l'abandonner si son intérêt le commandait, comme la suite nous le montrera.

Quentin Maréchal nous paraît tout à fait étranger au Poitou. Appartenait-il à la grande famille des Maréchal qui

---

mes qui est à la Rochefoucaut faites sur certains poincts de ses escrits. A Niort, par Thomas Portau, 1600, in-8° de 54 p.

Le Protocole des notaires, tabellions, greffiers, sergents et autres praticiens de Cour laye, contenant la manière de rédiger par escrit tous contracts, instrumens, partages, inventaires. . . De nouveau reveu et corrigé. A Niort, par Thomas Portau, 1600, in-12 de 402 p. numér., plus 11 ff. non chiff. pour la Table.

(Cette édition n'a jamais été citée.)

Déclaration de Pere Edmon de Beauval, jadis Jésuite, docteur en théologie, et prédicateur en Bourbonnais, publiquement faite de vive voix en l'église reformée de S. Amand en ladite province, le dimanche 16 Juillet Mil six cens. . . A Niort, par Thomas Portau, in-4° de 14 p.

Dès l'année suivante il imprimait à Saumur : Advertissement du sieur du Plessis [-Mornay] à MM. de l'Église romaine sur l'escrit n'agueres publié par le sieur Evesque d'Evreux. A Saumur, par Thomas Portau, 1601, in-8°.

En 1612, Pierre le Proust, sieur de Beaulieu, avocat de Loudun, faisait imprimer à Saumur par Thomas Portau ses Commentaires sur les Coustumes du pays de Loudunois, in-4° de 596 p. numér. sauf la dernière, plus 11 ff. non ch. pour la Table et l'Errata.

dès le xv<sup>e</sup> siècle et pendant tout le xvi<sup>e</sup>, occupa un rang très distingué dans la typographie lyonnaise ? Nous l'ignorons et nous ne connaissons à Lyon aucun membre de cette famille ayant porté le prénom de Quentin. C'est dans une ville de la Champagne que nous découvrons pour la première fois Quentin Maréchal qui imprime le volume suivant :

*MODELLES ARTIFICES de feu et divers instrumens de guerre avec les moyens de s'en prevaloir. Pour assieger, battre, surprendre et deffendre toutes places utiles et nécessaires à tous ceux qui font profession des armes. Par Joseph Boillot Langrois.* A Chaumont en Bassigny, chez Quentin Mareschal, imprimeur et libraire. M. D. XCVIII. Avec privilège du Roy.

In-f° (1) de 5 ff. prélim. et 204 pages numér. par erreur 203, titre gravé et 90 planches gravées sur cuivre dont la plupart sont signées de J. Boillot. Certains exemplaires contiennent peut-être un plus grand nombre de planches, car sur celui que nous étudions plusieurs pages destinées à recevoir des planches sont restées en blanc. Les 5 ff. prélim. sont pour le titre, une épître de l'auteur *Au Roy*, un avis *Au lecteur*, cinq sonnets *Sur les Artifices de feu et autres inventions de Joseph Boillot*, signés de *J. Le Gros* et de *I. de Monthien*, et un *Extraict du privilege* accordé pour six ans le 6 juillet 1597 à Joseph Boillot.

Cet ouvrage n'a pas seulement l'importance, très grande à nos yeux, de nous faire entrer en connaissance avec notre personnage, il offre aussi cet intérêt d'être le premier livre réputé pour avoir été imprimé à Chaumont-en-Bassigny.

---

(1) Nous avons toujours vu ce volume annoncé comme étant de format in-4°, mais dans notre exemplaire les pontuseaux sont verticaux et les cahiers sont de six feuillets.

C'était de plus une œuvre estimée au point de vue technique du sujet traité par l'auteur, et il fut réimprimé en 1603 à Strasbourg par Bertram avec la traduction allemande de Jean Brantz, in-folio. Pour ses débuts, Quentin Maréchal avait eu la main heureuse.

Nous ne savons s'il resta longtemps à Chaumont après ce premier travail et pendant dix-huit ans nous le perdons complètement de vue. Nous supposerions volontiers qu'il avait travaillé d'abord à Langres, probablement comme ouvrier de Jean Desprez qui y était maître imprimeur. Ce fait expliquerait tout naturellement que Joseph Boillot (1), dont il aurait su se concilier les bonnes grâces, ait favorisé son établissement à Chaumont, situé à une douzaine de lieues de là, en lui confiant la commande de son ouvrage. En outre, c'est certainement à cette époque qu'il dut se marier avec Bénigne Ladmiral, « native de Langre, » dont nous constaterons plus tard l'origine.

Nous ne le retrouvons qu'en 1616, dirigeant une nouvelle exploitation dans une petite ville de l'Orléanais, à Jargeau, qui était alors un des principaux foyers du protestantisme et une des places de sûreté du parti. Voici la description du petit volume dû à son industrie :

*LA SAUVEGARDE des Roÿs, exposée en un sermon au jour de la publication de la paix à Gergeau. Par David Home, administre de la parolle de Dieu* (2). A Gergeau, par

(1) Boillot, fidèle partisan d'Henri IV qu'il avait servi en qualité d'ingénieur militaire, obtint de ce prince l'emploi de contrôleur du grenier à sel et de directeur du magasin des poudres et salpêtres à Langres. En 1592, il avait déjà fait imprimer par Jean Desprez un ouvrage d'architecture dont nous n'avons pas à nous occuper ici.

(2) David Home, d'origine écossaise, fut pasteur à Duras en Guyenne et à Jargeau. Il est auteur de plusieurs ouvrages et entre autres de deux libelles très violents contre les Jésuites, *Le Contr'assassin ou response à l'apologie des jésuites...* et l'*Assassinat du Roy ou Maximes du Vieil de la Montagne...*, pu-

Quentin Mareschal, imprimeur et libraire, 1616. — Pet. in-8°
de 4 ff. prélim., 162 pages numér., plus 4 autres ff. non ch.

Les ff. prélim. sont pour le titre et une dédicace au duc de Sully. Les
4 ff. de la fin contiennent un *Chant de louange à Dieu pour la paix*, un
avis de *L'auteur et l'imprimeur aux lecteurs* et un *Hymne d'amour à la
Sainte-Trinité*. Sur le titre une petite vignette carrée représente le roi
David, à genoux et en prière, tandis que l'ange exterminateur vole dans
les nuages, tenant le glaive d'une main et une tête tranchée de l'autre (1).

L'exemplaire unique de cet ouvrage appartient à M. H. Herluison, chez
lequel nous l'avons examiné. Il a figuré à l'exposition organisée en mai-
juin 1884 par la Société archéologique et historique de l'Orléanais.

La présence de Maréchal à Jargeau s'explique très vrai-
semblablement par un événement qui s'était produit l'année
précédente. Grenoble avait d'abord été désigné aux protestants pour y tenir leur assemblée générale ; puis, cédant à
leurs instances, le roi avait changé ce lieu et leur avait assi-
gné la ville de Jargeau par un brevet du 4 avril 1615. Mais
sur leurs représentations « des grandes difficultez et incom-
moditez qu'ils auroient audict lieu de Jargeau, tant pour la
petitesse du logement que pour la pauvreté du lieu », le
roi leur accorda un nouveau brevet, à la date du 23 mai, pour
se réunir définitivement à Grenoble (2). Il n'est pas témé-
raire de supposer qu'au moment où Jargeau paraissait
devoir être le siège de la réunion Maréchal fut attiré par
l'importance exceptionnelle qu'allait prendre momentané-
ment la petite ville. Il n'y fit pas d'ailleurs un long séjour
et dès l'année suivante il était remplacé par un autre imprimeur ambulant, Daniel Denion, qui reproduisait par sa
presse cette pièce de circonstance : « Arrest de la Cour de

blés en 1612 et en 1614, sans lieu d'impression, au sujet de l'assassinat de
Henri IV.

(1) Sainte Bible, *les Rois*, liv. II, chap. XXIV, vers. 16.

(2) *Négociations, lettres et pièces relatives à la Conférence de Loudun, publiées
par M. Bouchitté*. Paris, imp. impériale, 1862, in-4°, page 3.

# DECLARATION

## DV ROY, DE L'INO-
## NOCENCE DE MONSEIGNEVR
le Prince.

*Verifiée en parlement le 26*
*Nouembre 1 6 1 9.*

# A LOVDVN.

### De l'Impreſſion de La-Barre,

*Iouxte la coppie Imprimée à Paris, par Fede-*
*ric Morel, & Pierre Mettayér, Imprimeurs or-*
*ordinaire du Roy. Auec priuilege de ſa Maieſté.*

Parlement contre le mareschal d'Ancre et sa femme, prononcé et exécuté à Paris, le huitième juillet 1617 », petit in-8° de 7 ff.

Nous ignorons où Quentin Maréchal alla tenter la fortune en quittant Jargeau, mais il paraît certain que la nouvelle assemblée générale des protestants, convoquée à Loudun en 1619, détermina sa venue dans cette ville. Les députés arrivèrent nombreux de tous les points du royaume et commencèrent leurs séances le 25 septembre. Les services de l'imprimeur ne tardèrent pas à être employés. Voici la série peu nombreuse des impressions que nous connaissons de lui :

*LETTRE ESCRITTE AU ROY par l'assemblée des Eglises de la religion Reformée de France et païs souverains, assemblez par permission de sa Majesté à Loudun. Ensemble la Harangue faite au Roy et prononcée par Monsieur le marquis de la Moussaye, à Compiègne.* Jouxte la copie imprimée à Loudun par de La-Barre, 1619. — In-8° de 13 p. et 1 f. blanc.

(Bibl. nat. Lb³⁶, n° 1316. — Bibl. de Tours, n° 3689.)

La *Lettre* occupe les pages 3-6 et la *Harangue* les pages 7-13. Ce n'est ici qu'une copie de l'impression de Labarre, autrement dit Quentin Maréchal, mais cette copie prouve l'existence de l'original que nous n'avons retrouvé nulle part.

*DÉCLARATION DU ROY, de l'inonocence* (sic) *de Monseigneur le Prince. Vérifiée en parlement le 26 novembre 1619.* A Loudun, de l'impression de La-Barre, jouxte la coppie imprimée à Paris, par Federic Morel et Pierre Mettayer, imprimeurs orordinaire (*sic*) du Roy. Avec privilege de sa Majesté. — Pet: in-4° de 7 p.

(Coll. Arthur Labbé, de Chatellerault.)

Sur le titre un bois grossièrement gravé représente les armes de Loudun (voir notre planche).

*DESCRIPTION d'un médicament appelé Polychreston dispensé publiquement par Jaques Boisse, maistre Apotiquaire en la ville de Loudun, le 4 decembre 1619. Avec la harangue faite sur ce subject par Theophraste Renaudot, docteur en medecine, conseiller et medecin du Roy, devant MM. les députez des églises Refformées de ce royaume assemblez à Loudun par permission de sa Majesté. Dédiée à messieurs de l'Assemblée.* A Loudun, par Quentin Mareschal, dit La-barre, 1619. — In-16 de 40 p.

(Bibl. nat., Réserve, Te$^{151}$, n° 1064.)

La description latine du *Polychreston* occupe les pages 3 à 6, et à la page 7 commence la harangue de Renaudot, prononcée le 4 décembre 1619.

La page de titre, dont nous donnons le fac-simile, porte la marque typographique désignée sous le nom de *Religion chrétienne* ou *Religion triomphante*. Nous avons dit plus haut que Maréchal était protestant ; la présence de cette marque en est une nouvelle preuve. Ce signe qui était, dit-on, l'emblème adopté par les assemblées protestantes pour leur cachet ou sceau, nous ne l'avons jamais vu employé que par des libraires protestants, et dans des lieux très divers. Citons au hasard Jean Borel à Paris, Paul Marceau et Jacques Chouet à Genève, Jérôme Haultin à la Rochelle, Pierre Petitjan à Fontenay, Jean Baillet et Philippe Bureau à Niort.

*LETTRE ENVOYÉE AU ROY par les Deputés des Eglises reformées de France et souveraineté de Bearn, assemblez par sa permissiou (sic) en sa villie (sic) de Loudun. Avec la harangue prononcée au Roy par les Deputez*

# DESCRIPTION

## D'VN MEDICAMENT
### APPELLE POLYCHRESTON.

Dispensé publiquement par Iaques Boisse
Maistre Apotiquaire en la ville de
Loudun, le 4. Decembre 1619.

Auec la Harangue faite sur ce subiect, par Theo=
phraste Renaudot Docteur en Medecine, Con=
seiller & Medecin du Roy, deuant Messieurs les
Députez des Eglises Refformées de ce Royau=
me assembléz à Loudun par permissió de sa Maiesté.

## Dediée à Messieurs de l'Assemblée.

A LOVDVN.
PAR QVENTIN MARESCHAL,
dit La-barre 1619.

*de ladite Assemblée.* (Au bas du dernier f., v°) : A Loudun, de l'impression de la-Barre, 1620. —Pet. in-4° de 12 p.

(Bibl. nat., Lb36, n° 1331.)

Dans l'exemplaire de la Bibliothèque nationale il n'y a pas de grand titre, et c'est le titre de départ que nous donnons ci-dessus. La *Lettre* (p. 1-5) est signée : « le vidame de Chartres, président ; Chauve, adjoinct ; Malleray, secrétaire ; Chalas, secrétaire », et datée : « De vostre ville de Loudun, ce 16 janvier 1620 ».

Nous avons vu une autre édition imprimée sans nom de ville et d'imprimeur et sans date, en un in-8° de 12 pages.

*LETTRE DU ROY, envoyée aux députez des Eglises réformées de France et souveraineté de Béarn assemblez par sa permission en sa ville de Loudun.* A Loudun, par Quentin Mareschal, imprimeur et libraire, 1620. — In-8° de 8 ff. dont 2 sont blancs.

(Bibl. de Tours, n° 3689.)

Cette brochure, mal constituée, contient une lettre du roi datée de Fontainebleau *le troisiesme jour d'avril 1610* (pour 1620), l'ordre, daté du 3 avril 1620, aux lieutenants généraux, gouverneurs de provinces et autres officiers, de laisser librement passer avec des armes les députés de l'Assemblée de Loudun retournans à leurs maisons, et une autre lettre du roi, du dernier mars 1620. A la page 5 cette mention est répétée : « Imprimée à Loudun par Quentin Mareschal, 1620 ».

On a vu que Maréchal ne s'était parfois désigné que sous le nom de Labarre ; il ne peut cependant y avoir aucun doute sur l'identité de « Quentin Mareschal, dit Labarre », dénomination qu'il a pris soin de se donner sur la *Descrip-*

*tion du Polychreston*. Nous n'avons pu découvrir d'où lui venait ce surnom, dont il ne s'est d'ailleurs revêtu qu'à Loudun.

Nous n'avons pas d'autres œuvres à attribuer ici à Maréchal, en dehors de ces minces plaquettes, dont la mauvaise exécution accuse un pauvre matériel ainsi que la précipitation avec laquelle elles étaient livrées à la presse. Toutes, on l'a remarqué, se rattachent directement à l'assemblée tenue par les Réformés. Ceux-ci, animés par leurs rancunes et leurs défiances contre la Cour, ne se montraient nullement pressés de se dissoudre et ils tinrent leurs séances jusqu'au 18 avril 1620. Ils durent enfin obéir aux injonctions menaçantes du pouvoir royal et se séparèrent après avoir siégé pendant près de six mois. Leur départ rendit à Loudun une tranquillité relative. Il n'y avait plus de quoi occuper un imprimeur. Maréchal s'était du reste trop compromis avec le parti protestant pour compter sur la faveur des catholiques. A une dizaine de lieues de là s'élevait une autre ville, riche par son industrie et son commerce, où l'imprimerie n'avait pas encore pénétré : c'était Châtellerault. Maréchal prit, sans plus tarder, le parti de s'y rendre, et il y trouva le terme de ses pérégrinations. Mais avant de le rejoindre dans sa nouvelle résidence, nous poursuivrons ce que nous avons encore à dire sur Loudun.

### Gilles Chachereau.

Après le départ de Maréchal, l'imprimerie disparut de Loudun pendant de longues années. La petite ville devint tributaire des cités voisines, plus favorisées qu'elle sous ce rapport. Le procès d'Urbain Grandier, en 1634, appela dans ses murs de nouveaux hôtes et excita une nouvelle agitation ; il provoqua l'éclosion de nombreux écrits, mais ne réussit pas à attirer un imprimeur. Le nombre de ces industriels nomades, qui couraient de ville en ville après une fortune souvent rebelle à leur appel, allait d'ailleurs en diminuant à mesure que l'imprimerie s'acclimatait dans des établissements permanents. Ce n'est qu'au déclin du XVIIe siècle qu'une presse recommença à fonctionner à Loudun. Un certain Gilles Chachereau paraît avoir monté une imprimerie d'où sont sortis les deux volumes suivants :

*RÉCIT de la conférence du Diable avec Luther, fait par Luther même dans son livre de la Messe privée et de l'onction des prêtres.* Loudun, 1681. — In-12 (1).

(Catal. de la vente de M. B... [Fr.-A. Barbier, imprimeur à Poitiers], Paris et Poitiers, 1861, n° 546.)

*LES AMOURS de Colas, comédie Loudunaise, en beau langage (par Saint-Long).* Loudun, G. Chachereau, 1691. — In-12 de 2 ff. et 36 p.

(Catal. Méon, n° 2389. — Catal. de Soleinne, n° 3970. — Catal. de M. Salmon, tourangeau. Paris, Potier, 1857, no 632.)

Malgré nos recherches nous n'avons pu voir ni l'un ni l'autre de ces ouvrages, et nous en étions arrivé à douter même de l'existence de Chachereau, au moins comme imprimeur, quand deux actes retrouvés dans les registres de la paroisse de Saint-Pierre-du-Marché de Loudun nous l'ont montré en possession d'état. Ils nous apprennent que, le 17 décembre 1681, avait lieu dans cette église l'inhumation de « Marthe Roux, femme Gilles Chachereau, marchand

---

(1) Il y a des éditions de Paris, J.-B. Coignard, 1681 et 1684, in-12. Il ne faut pas confondre cet ouvrage, qui est de l'abbé Louis Géraud de Cordemoy, avec cet autre, qui est de l'abbé Paul Bruzeau : *La Conférence du Diable avec Luther contre le saint sacrifice de la messe.* Paris, Ch. Savreux, 1673, in-8°.

imprimeur », et que le 1er mars 1683, ledit imprimeur, après avoir pleuré convenablement sa première femme, en épousait une seconde qui s'appelait Jeanne Thibault.

C'est tout ce que nous savons sur son séjour à Loudun et nous n'entendons plus parler de lui après les *Amours de Çolas*. Mais dans notre impuissance à percer le mystère de sa fin, nous étions curieux de connaître au moins son origine, et nous souvenant d'avoir rencontré assez fréquemment ce nom de Chachereau dans des pièces concernant la ville de Thouars, nous avons dirigé nos recherches de ce côté. Elles ont heureusement abouti, et nous sommes à même de dire que Gilles Chachereau était originaire de cette ville et y avait travaillé avant de venir à Loudun. En voici la preuve.

Le 6 mars 1678, dans l'église de Saint-Médard de Thouars, il était parrain de François, fils de sire François Chachereau, messager, et de dame Marguerite Pouist, et il apposait sur l'acte de baptême cette signature bien reconnaissable que nous avions déjà vue sur les registres de Loudun. Il y ajoutait même sa qualité d' « imprimeur », qu'il faut entendre selon nous dans le sens de *compagnon* et non de *maître*. L'imprimerie existait en effet à Thouars dès cette époque et même avant, et nous avons ailleurs parlé d'un livret qui y était imprimé par Pierre Pedard, en 1683 (1). Gilles Chachereau nous paraît donc avoir été l'ouvrier de Pierre Pedard, et le fait d'être le parrain d'un enfant de François Chachereau (2) qui devait être son proche parent,

_____

(1) *L'Imprimerie à Thouars*, dans la *Revue poitevine et saintongeaise*, n° du 15 novembre 1891. — Tiré à part, in-8° de 7 p.

(2) C'est probablement à celui-ci, de messager devenu commis de la poste de Thouars, que Ch. d'Hozier décernait ces armes parlantes, en vertu de l'édit de novembre 1696 : *d'or à un chat de sable, coupé de sable à un lièvre d'or.*

sinon son frère, indique clairement qu'il appartenait à une famille thouarsaise.

## René Billault.

Nous sommes suffisamment pourvu de renseignements en ce qui concerne René Billault qui vint après lui. Tout d'abord, une délibération de la municipalité de Loudun détermine la date certaine de son entrée en exercice (1) et elle donne des détails trop instructifs pour que nous ne la transcrivions pas *in-extenso*.

Du samedy vingt-huitiesme jour de may 1695, en l'assemblée de l'hostel et maison de ville de Loudun... A comparu en sa personne René Billault, imprimeur et libraire, lequel a remonstré à la compagnie que n'y ayant point d'imprimeur et libraire en cette ville il désireroit s'y retirer et establir pour rendre au publicq le service de son art moyennant qu'il soit exempt des impôts tant du sel que de la taille, ustancille et autres subsides, de collecte et de logement de gens de guerre, attendu qu'il sera obligé de se mettre en grande despence pour establir une imprimerie et qu'il ne peut espérer y faire de proffit, n'y ayant point d'Université et peu d'occasions d'imprimer. Sur quoy, la matière mise en délibération et sur ce ouy le sieur procureur du Roy en lad. maison de ville qu'y a dit qu'il seroit fort util pour le service du Roy et le bien du publicq qu'il y eust en cette dite ville un imprimeur et libraire dont on puisse se servir dans les occasions, Nous avons du consentement dud. procureur du Roy receu et recevons led. Billault aud. art d'imprimeur et libraire en cette dite ville à la charge qu'il aura des caractaires et autres choses necessaires pour l'entretien de lad. imprimerie et boutique pour la librairie afin d'y vendre et débitter des livres et qu'en considération de ce qu'il retirera peu de proffit de son travail a esté arresté que led. Billault ne pourra estre collecteur des tailles, sel, ustancille et autre subside et que son taux sera fixé à trente solz de taille et à deux quartes de sel, et exempt de

(1) Arch. municip. de Loudun, BB 4.

logement de gens de guerre, ensemble de la contribution d'ustancille, à la charge par led. Billault d'exercer led. art d'imprimeur et libraire et d'imprimer gratuitement touttes les publiquations pour les feux de joye, ordonnances et billetz de logements de gens de guerre en lui fournissant de papier seullement, à quoy faire et entretenir c'est led. Billault obligé avecq tous et chascuns ses biens meubles et immeubles, dont l'avons jugé, ensemble de faire homologuer ses présentes à ses frais et despens partout où besoing sera. Donné, faict et arresté en lad. assemblée les jour et an que dessus.

Voilà donc Billault reçu imprimeur et libraire de la ville de Loudun avec les franchises et exemptions ci-dessus mentionnées. Pour être imprimeur on n'en est pas moins homme : un de ses premiers soins fut de se marier. Moins d'un an après, le 14 mai 1696, « René Billault, imprimeur et marchand libraire, fils de René Billault, marchand, et de deffunte Geneviève Buisneau, » épousait en l'église de Saint-Pierre-du-Marché de Loudun Louise Boucherit, fille des défunts Antoine Boucherit et Louise Baslin. Le 15 août 1697, il faisait baptiser son premier enfant et jusqu'en 1714 au moins de nombreuses naissances attestent sur les registres la fécondité de son union. Mais un beau jour Louise Boucherit paya sa dette à la nature ; elle était âgée de 46 ans et 4 mois quand elle mourut et fut inhumée dans l'église de sa paroisse le 1er février 1720. Les regrets de son mari furent loin d'être éternels, car trois mois après, le 2 du mois de mai, il convolait en secondes noces avec Jeanne Pasquier, fille majeure de défunts Me Louis Pasquier, vivant greffier au bailliage et sièges royaux de Loudun, et de Jeanne Bertrand, son épouse, et le 10 février de l'année suivante, il goûtait de nouveau les joies de la paternité. Nous tenons une partie de ces notes biographiques de notre jeune confrère et ami, M. Roger Drouault, qui a bien voulu les relever pour nous dans ces Archives municipales de Loudun qu'il connaît si bien.

Maintenant que nous nous sommes mis en règle avec le père et l'époux, revenons à l'imprimeur. Il importe d'abord de savoir d'où il arrivait avant de « se retirer et establir » à Loudun, et c'est ce que nous allons faire connaître sans plus tarder.

A son acte de mariage figure entre autres signatures celle de son père qui s'appelait René comme lui et est qualifié de marchand. Or, M. Henri Grimaud, de Chinon, qui s'est déjà fait connaître par de très bonnes monographies locales, nous a fait savoir qu'il avait reconnu cette même signature sur l'acte de sépulture de Pierre d'Ayrem, maître imprimeur dans cette ville, décédé le 28 janvier 1697 sur la paroisse Saint-Étienne. Une fois lancé sur cette piste, M. Henri Grimaud a eu le bonheur de découvrir dans le même fonds une série d'actes qui nous intéressent au plus haut degré. C'est d'abord l'acte de baptême de notre imprimeur lui-même, à la date du 16 mars 1667 (1); puis ce sont ceux de deux autres enfants de René Billault, marchand, et de Geneviève Buisneau, savoir, au 28 juillet 1669, Geneviève, qui a pour parrain « Me Pierre d'Ayrem, imprimeur », et au 13 octobre 1673, Nicolas, qui a pour marraine « Jeanne Constantin, femme du sieur d'Ayrem, imprimeur en cette ville ». Ne ressort-il pas clairement de ces constatations que Billault père, marchand à Chinon, était voisin ou ami de Pierre d'Ayrem et que son fils a dû être l'apprenti et l'ouvrier de l'imprimeur Chinonais avant de venir se fixer dans

---

(1) « Le seiziesme mars 1667, a esté baptisé par moy prestre soussigné René fils de René Billault marchand et Geneviève Buineau son épouse. Il a eu pour parrain Martin Cartier, me pintier, et marraine Françoise Testu. (Signé : ) M. Quartier, Bauchesne prestre. (Reg. paroiss. de Saint-Etienne de Chinon.)

la ville voisine? Après la mort de Pierre d'Ayrem, sa veuve
continua à gérer son imprimerie. Nous ignorons si René
Billault demeura avec elle ou se mit àvoyager pour se perfectionner dans son métier. Toujours est-il que, pour un
motif que nous ne connaissons pas, ce ne fut pas à lui, mais
à Pierre Amassard, fils d'un autre imprimeur de Poitiers,
que la veuve d'Ayrem céda son établissement, suivant un
marché daté de 1694 que M. Henri Grimaud a aussi retrouvé et qu'il publiera dans une nouvelle édition de ses
*Origines de l'imprimerie à Chinon.*

René Billault avait 28 ans quand il arriva à Loudun, et
son exercice y fut plus long que productif. Nous n'avons
relevé à son actif que les deux volumes qui suivent. Bien
entendu, les impressions pour les feux de joie, ordonnances
et billets de logements des gens de guerre qu'il faisait pour
le compte de la municipalité ne sont pas parvenues jusqu'à
nous.

*PSAUMES DE DAVID traduis en François selon l'hé-
breu.* A Loudun, chez René Billault, imprimeur du Roy et de
la ville, par l'ordre de Madame de Montespan, 1697. — In-8°
de 684 p.

(Bibl. nat., A, 11057. — Coll. A. Labbé.)

Les armes de M^me de Montespan, *fascé, ondé d'argent
et de gueules de six pièces,* qui est de Rochechouart, sont
gravées sur le titre et répétées à la dernière page. Impression en gros caractères qui paraît faite pour une personne dont
la vue est très affaiblie. On sait que M^me de Montespan,
déchue de son ancienne splendeur, expiait alors dans la
solitude voisine du château d'Oiron l'insolente faveur dont
elle avait joui à la cour de Louis XIV. En 1697, elle avait
56 ans.

# PSEAUMES
## DE
## DAVID,

Traduis en François selon
l'Hebreu.

À LOUDUN,

Chez RENÉ BILLAULT, Imprimeur
du Roy & de la Ville, par l'ordre de
Madame de Montespan.

M. DC. XCVII.

*LES AMOURS DE COALS* (*sic* pour Colas), *comédie Louduneise en beau langage, dédiée à Messieurs les œconomes de la Tour-Volu.* Loudun, chez R. Billault, imprimeur et marchand libraire, 1732. — In-8° de 36 pages.

(Bibl. de Poitiers. — Coll. Alf. Richard.)

Imprimée d'abord, comme on l'a vu, par Chachereau, cette comédie paloise a été réimprimée de nos jours sur l'édition de Billault, Paris, Téchener, 1843, in-8° de xi-49 p., et Niort, L. Favre, 1882, in-12 de iv-54 p. L'épître « A Messieux les OEconomes de la Tour-Volu » est signée *Saint-Long*, qu'on a dit être un pseudonyme, mais cette opinion n'est rien moins que certaine, et M. Alfred Richard a rencontré dans des pièces de cette époque le nom d'un véritable Saint-Long, qui était apothicaire à Loudun.

Ce que nous avons à dire maintenant de Billault est peu de chose. Le compte de recettes et de dépenses, rendu par René Allard pour les octrois de Loudun le 26 février 1708, le mentionne comme ayant touché un mandat de 5 livres (1). On a vu aussi que la délibération municipale qui l'admettait à exercer son art le dispensait de certaines charges et notamment de la collecte. Mais autre chose était d'obtenir la concession d'un privilège, et autre chose d'en exercer la jouissance, et sur les registres on trouve le nom de René Billault, inscrit parmi les collecteurs depuis 1711 jusqu'à 1731. Les registres font défaut pour les années suivantes et ne reprennent qu'à partir de 1749, mais le nom de Billault n'y figure plus (2).

On voit encore par un acte passé devant Confex, notaire, le 12 janvier 1733, René Billault faire donation à Pierre Billault, son fils, clerc tonsuré, maître des écoles charitables de Loudun, d'une maison sise en cette ville, au faubourg de Chinon, pour lui servir de titre clérical (3).

(1) Arch. municip., CC 6.
(2) Ibid., CC 21.
(3) Communication de M. Roger Drouault.

L'arrêt du Conseil, du 31 mars 1739, confirmant celui du 21 juillet 1704, supprima l'imprimerie de Loudun, mais on n'en voit pas moins René Billault encore qualifié imprimeur et marchand libraire le 13 juin 1741, dans l'acte de mariage de son fils Charles, dont il va être parlé tout à l'heure. Nous avons plus d'une fois constaté que la rigueur des arrêts rendus dans un intérêt général était habituellement tempérée par une tolérance bienveillante qui ménageait les intérêts privés, et il est fort croyable que l'arrêt que nous venons de citer laissa Billault travailler paisiblement de son métier jusqu'à sa mort ; à ce moment seulement, il dut être exécuté selon sa forme et teneur.

Le nom de Billault ne devait plus reparaître dans l'imprimerie à Loudun, mais il n'était pas enlevé pour cela à cette noble profession et il ne fit que se transporter sur des scènes plus vastes. Charles Billault (1), l'un des enfants de notre René, était déjà établi comme libraire à Tours dans la paroisse de Saint-Saturnin, quand il vint se marier à Loudun le 13 juin 1741 avec Jeanne Dubois, fille de Benjamin Dubois, marchand, et de Marie Huet de la Bastière ; il en eut sept enfants. L'aîné, Charles-François-Bonaventure, né le 8 mars 1742 (2), épousa la fille de Louis-Charles Barrière, imprimeur-libraire à Angers, avec lequel il s'associa d'abord, fut reçu dans les mêmes fonctions au lieu et place de son beau-père par arrêt du Conseil, du 12 août 1770, et s'associa ensuite avec Charles-Pierre Mame qui lui succéda en 1780. Un autre fils de Charles Billault, Jean-François, né le 15 août 1747 (3), travailla

(1) Baptisé à Loudun le 10 décembre 1709.
(2) Il eut pour marraine Jeanne Debarre, femme de Vauquer, imprimeur à Tours (*Reg. paroiss.*, Saint-Saturnin de Tours.)
(3) *Reg paroiss.*, Saint-Pierre-le-Puellier de Tours.

d'abord avec son père qu'il remplaça avant 1775 (1); plus tard il alla fonder un établissement typographique à Blois et le dirigea de 1792 à 1804. Un Philippe Billault fut imprimeur à Tours de 1757 à 1775. Un autre Charles Billault imprima aussi dans la même ville de 1791 à 1814. Nous sommes persuadé que tous ces Billault appartiennent à la même famille, mais nous ne sommes pas ici sur notre terrain et nous laissons aux bibliographes tourangeaux le soin d'éclaircir cette question.

### Françoise Billault

Après la mort de René Billault, dont nous n'avons pas retrouvé l'acte de décès, nous assistons à une nouvelle éclipse de l'imprimerie à Loudun, qui dura jusqu'à la Révolution. La correspondance du subdélégué avec l'intendant de Tours apprend qu'il n'y a, en 1758, aucun imprimeur ni libraire à Loudun (2). En 1764 toutefois, une d^lle Françoise Billault, que nous croyons être une descendante de l'imprimeur, « débitait quelques livres de dévotion, comme Heures, Pensées chrétiennes, Imitations et autres, ensemble les livres de classe à l'usage des écolliers qui étudient à Loudun », qu'elle tirait partie de Poitiers, partie de Saumur et partie de Tours ; elle reliait aussi les livres de marchands et autres registres. En 1772, en 1775, même situation : « lorsqu'il y a quelques mémoires, factums ou autres choses à faire imprimer, ce qui arrive rarement, on s'adresse à un imprimeur des villes voisines ».

---

(1) Arch. d'Indre-et-Loire, C 346 et 347. — Charles Billault, s'étant retiré des affaires, revint à Loudun et y mourut le 12 novembre 1777.
(2) Arch. d'Indre-et Loire, C 346 et 347.

Toute activité littéraire, toute vie politique s'étaient éteintes dans la cité Loudunaise, et les habitants n'en étaient peut-être pas plus à plaindre s'il est vrai que les peuples les plus heureux sont ceux qui n'ont pas d'histoire. Cependant un esprit distingué, Dumoustier de la Fond, officier au corps royal de l'artillerie, entreprit alors de faire revivre les illustrations de sa patrie et les événements célèbres dont elle avait été le théâtre, et en 1778 il fit imprimer à Poitiers, chez Michel-Vincent Chevrier, ses « Essais sur l'histoire de la ville de Loudun ». Au dos du faux-titre la vente de l'ouvrage est indiquée dans plusieurs villes et en particulier « à Tours, chez Billault » et « à Loudun, chez la D^{lle} Billault ». Françoise Billault pratiquait donc encore à cette date son petit commerce, sans faire beaucoup de bruit et probablement même sans avoir jamais eu de brevet, puisque dans le rapport fourni en 1764 à M. de Sartine sur l'état de l'imprimerie et de la librairie dans le ressort de la Généralité de Tours, la ville de Loudun n'est même pas nommée.

Quant à Billault, de Tours, désigné si succinctement, il s'agissait de Jean-François, qui était fils de Charles, aussi libraire dans la même ville et petit-fils de René, notre imprimeur Loudunais.

## Robiquet

La Révolution arriva. Elle enflamma tous les esprits et donna à l'imprimerie une activité fiévreuse. Les pamphlets et les écrits violents succédèrent bientôt à toutes ces brochures qui avaient d'abord pour objet des réformes sociales et le bonheur de la nation. La Déclaration des droits de l'homme avait reconnu en 1791 à chaque citoyen le droit d'é-

crire et d'imprimer librement ses pensées et ses opinions ;
c'était la suppression du brevet exigé naguère pour l'exercice de l'imprimerie et de la librairie. Chaque chef-lieu de
district ne tarda pas à posséder des presses. Loudun suivit
le mouvement général. En attendant un nouvel imprimeur,
un petit libraire se chargea d'y apporter la bonne parole. La
plaquette suivante fait connaître son nom :

*ORAISON FUNÈBRE de la Royauté française, pro-
noncée à la Société des Amis de la Liberté et de l'Égalité,
à Poitiers, le 28 octobre 1792, par le citoyen Briquet,
vicaire épiscopal du département de la Vienne.* Se vend à
Poitiers, chez l'auteur, place du Pilori, n° 493 ; à Loudun, chez
Robiquet, libraire; et à Parthenay, chez Gabit, avoué, 1792. —
In-8° de 20 p.

(Bibl. de Poitiers. — Bibl. de la Soc. des Antiq. de l'Ouest.)

C'est le seul vestige que nous connaissions du passage
de Robiquet à Loudun. Nous ne savons ce qu'il devint,
mais nous n'irons pas chercher bien loin le lieu de son exode.
Nous n'avions pas été sans remarquer que dans le rôle
des corvées de la ville de Thouars pour l'année 1790 (1)
figurait le nom du sieur Ropiquet, « marchand libraire ».
Entre le *Ropiquet*, de Thouars, et le *Robiquet*, de Loudun, il nous parut y avoir une identité probable, et en effet quelques recherches dans les registres de la paroisse
de Saint-Médard de Thouars nous ont fait rencontrer, à la
date du 4 mai 1790, l'acte de mariage du sieur Justin
Robiquet, marchand libraire, âgé de 31 ans, fils du sieur
François Robiquet, bourgeois, et de dame Françoise Bosril,
de la paroisse d'Anneville, diocèse de Coutances, avec de-

(1) Inventaire-sommaire des Archives de la ville de Thouars par J. Berthelé
CC 1.

moiselle Marie Baranger, âgée de 20 ans, fille de feu sieur René-Louis Baranger, bourgeois, et de dame Marie Barrault, demeurant à Thouars. L'acte mentionne la présence de Joseph Robiquet, frère de l'époux, et l'absence de ses père et mère qui avaient envoyé leur consentement par procuration. On peut se demander seulement en présence duquel des deux frères Robiquet nous nous trouvons à Loudun.

Quant au vicaire épiscopal, Hilaire-Alexandre Briquet, dont notre libraire débitait la fougueuse éloquence, il renonça bientôt à l'état ecclésiastique, se maria, fut membre du tribunal révolutionnaire de Poitiers, et devint ensuite professeur de belles-lettres à l'école centrale des Deux-Sèvres. Il a laissé, ainsi que sa femme, plusieurs ouvrages estimés.

### Vincent Challuau et François Chesneau

Aux premiers mois de l'année 1794, les Loudunais purent enfin entendre le gémissement de la presse que leurs oreilles avaient depuis longtemps désappris. Une association venait de se constituer entre deux typographes, Vincent Challuau et François Chesneau. Nous n'avons pas de données sur l'origine de ce dernier, mais nous savons que l'autre était de Chinon, qui avait déjà donné René Billault à Loudun. Vincent Challuau y était né le 23 décembre 1769 du mariage de Thomas-Gilles, maître en chirurgie, et de Catherine Vincent (1). Notre aimable correspondant, M. Henri Grimaud, a bien voulu dresser pour nous le tableau généalogique que nous reproduisons ci-contre ; il nous paraît intéressant de montrer cette famille étendant

(1) Reg. paroiss. de Saint-Etienne de Chinon.

# GÉNÉALOGIE DE LA FAMILLE CHALLUAU

N. B. -- Dans ce tableau, les membres de la famille Challuau dont les noms intéressent l'histoire de l'Imprimerie sont seuls indiqués.

Les dates qui suivent chaque nom sont celles de la naissance et du décès.

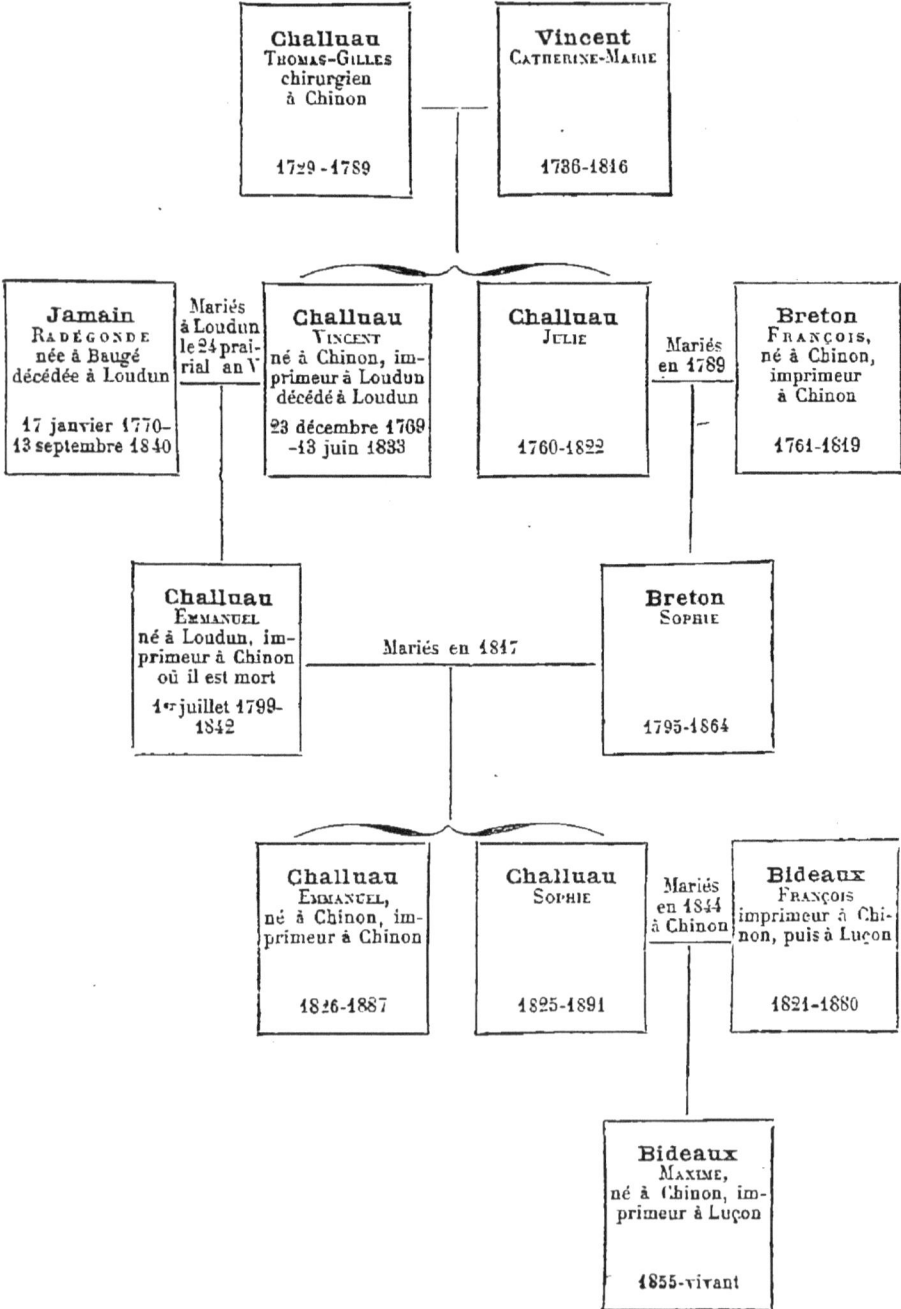

```
┌────────────────────┐   ┌────────────────────┐
│      Challuau      │   │      Vincent       │
│   THOMAS-GILLES    │   │  CATHERINE-MARIE   │
│     chirurgien     │   │                    │
│      à Chinon      │   │                    │
│                    │   │                    │
│     1729-1789      │   │     1736-1816      │
└────────────────────┘   └────────────────────┘
```

```
┌──────────────┐ Mariés ┌──────────────┐   ┌──────────────┐        ┌──────────────┐
│   Jamain     │ à Loudun│   Challuau  │   │   Challuau   │        │   Breton     │
│ RADÉGONDE    │ le 24 prai-│  VINCENT │   │    JULIE     │        │  FRANÇOIS,   │
│ née à Baugé  │ rial an V│né à Chinon, im-│ │            │ Mariés │ né à Chinon, │
│décédée à Loudun│      │primeur à Loudun│   │            │ en 1789│  imprimeur   │
│              │        │décédé à Loudun│   │              │        │   à Chinon   │
│17 janvier 1770-│      │23 décembre 1769│   │              │        │              │
│13 septembre 1840│     │-13 juin 1833 │   │  1760-1822   │        │  1761-1819   │
└──────────────┘        └──────────────┘   └──────────────┘        └──────────────┘
```

```
┌──────────────────┐                    ┌──────────────────┐
│    Challuau      │                    │     Breton       │
│    EMMANUEL      │                    │     SOPHIE       │
│ né à Loudun, im- │  Mariés en 1817    │                  │
│ primeur à Chinon │                    │                  │
│  où il est mort  │                    │                  │
│ 1er juillet 1799-│                    │                  │
│      1842        │                    │    1795-1864     │
└──────────────────┘                    └──────────────────┘
```

```
┌──────────────┐   ┌──────────────┐        ┌──────────────┐
│   Challuau   │   │   Challuau   │        │   Bideaux    │
│  EMMANUEL,   │   │    SOPHIE    │ Mariés │  FRANÇOIS    │
│ né à Chinon, im-│ │            │ en 1844│imprimeur à Chi-│
│primeur à Chinon│   │            │à Chinon│non, puis à Luçon│
│              │   │              │        │              │
│  1826-1887   │   │  1825-1891   │        │  1821-1880   │
└──────────────┘   └──────────────┘        └──────────────┘
```

```
                 ┌──────────────────┐
                 │     Bideaux      │
                 │     MAXIME,      │
                 │ né à Chinon, im- │
                 │ primeur à Luçon  │
                 │                  │
                 │   1855-vivant    │
                 └──────────────────┘
```

successivement son industrie sur les trois villes de Loudun, Chinon et Luçon.

La société Challuau et Chesneau n'a imprimé aucun ouvrage de longue haleine, mais elle a produit un certain nombre de plaquettes dont voici une liste (1) :

*RÉFLEXIONS sur l'amour de la gloire et de la patrie, lues à la Société populaire de Loudun, département de la Vienne, le décadi 30 ventôse, l'an deuxième de la République Française, une et indivisible, par J. P. Arnault, administrateur du Directoire du District dudit Loudun.* A Loudun, de l'imprimerie nationale de Challuau et Chesneau, imprimeurs du District. Sans date. — In-8° de 29 p.

Le titre porte une des vignettes révolutionnaires reproduites sur notre planche. Disons ici que les gravures originales de la plupart de ces vignettes nous ont été communiquées par M. Arthur Roiffé, qui les a retrouvées dans son vieux matériel d'imprimerie.

*EXPOSITION des moyens généraux préservatifs de la maladie dissentérique qui règne à Loudun et dans plusieurs communes de ce district ; lue à la Société populaire régénérée et Montagnarde dudit Loudun, le 15 thermidor an II, par le C. Gilles de la Tourette, officier de santé et membre de ladite Société populaire.* Ibid., id.. — In-8° de 23. p.

*TABLEAU RAPIDE de la Révolution française, fait à la Société populaire et montagnarde de Loudun, département de la Vienne, le 23 thermidor, l'an 2e de la République une et indivisible, en mémoire de la journée du 10 août 1792, style esclave, par J.-P. Arnault, administrateur du Directoire du District de Loudun.* Ibid., id. — In-8° de 16 p.

*ADRESSE de la Société populaire régénérée, séante en la commune de Loudun, à tous les Sans-culottes du district*

(1) Nous cessons ici d'indiquer la provenance des impressions que nous avons encore à citer pour Loudun.

VIGNETTES RÉVOLUTIONNAIRES DE CHALLUAU ET CHESNEAU
IMPRIMEURS A LOUDUN

*de Loudun (25 thermidor an II). Sans lieu. — In-4° de 4 p.*

Provoquant des offrandes civiques pour l'équipement de la frégate du département de la Vienne destinée à combattre les Anglais.

*LIBERTÉ, ÉGALITÉ, FRATERNITÉ, OU LA MORT. Loudun, le 2 fructidor, l'an 2e de la République française, une et indivisible. Les membres composants la Société Populaire et Régénérée de Loudun, aux citoyens composants la Société populaire de..... Frères et amis vous trouverez ci-joint une adresse... A Loudun, de l'imprimerie nationale de Challuau et Chesneau, imprimeurs du District. — In-4° de 4 p.*

Pièce signée : Briant, président; Besnard, Diotte, secrétaires. Imprimée en beaux caractères qui paraissent tout neufs.

*INSTRUCTIONS sur les soins à donner aux chevaux, pour les conserver en santé sur les routes et dans les camps, prévenir les accidens auxquels ils sont exposés et remédier à ceux qui pourraient leur arriver... Imprimées par ordre du Comité de salut public. (4 fructidor an II) Ibid., id. — In-8° de 75 p.*

*SPÉCIFIQUE contre la dyssenterie proposé par le C. Nosereau, médecin, présenté aux Sans-culottes composans la Société populaire de Loudun, le 9 fructidor an II. Ibid., id. — In-8° de 7 p.*

*RÉFLEXIONS sur l'Egoïsme par J.-P. Arnault, administrateur du Directoire du district de Loudun. Ibid., id. (an II). — In-8° de 12 p.*

*CHANSON PATRIOTIQUE chantée le jour de la fête des Sanculotides, à la Société des Amis de la Liberté et de l'Égalité de Poitiers, par Chauveau le jeune, l'un de ses membres. Ibid., id., sans date. — In-8° de 4 p.*

*PROCLAMATION et décret de la Convention nationale, relatifs à tous ceux qui ont pris part aux révoltes qui ont éclaté dans les arrondissements des armées de l'Ouest, des côtes de Brest et de Cherbourg. Ibid., id. (an III). — In-8° de 7 p.*

*COUPLETS CIVIQUES en vers libres et en pot-pourri, chantés à la Société populaire de Loudun, par J.-P. Arnault, administrateur du district, le décadi, 30 vendémiaire an 3e, jour consacré à célébrer les victoires de la France républicaine.* Ibid., id. — In-8° de 11 p.

*ADRESSE de Gilles la Tourette, officier de santé à Loudun, à ses concitoyens...* Ibid., id., an III. — In-4° de 12 p.

*RÉPUBLIQUE FRANÇAISE. Département de la Vienne. District de Loudun. Extrait du Registre des délibérations du district de Loudun. Séance publique et permanente du cinq nivôse, 3e année de la République française, une et indivisible.* Ibid. id. — In-4° de 10 p.

Arrêté relatif au recensement des grains ordonné par la loi du 8 messidor an II.

*J.-P. ARNAULT, à ses concitoyens, contre les accusations dirigées contre lui (14 prairial an III).* Ibid., id. — In-8° de 18 p.

*RÉFUTATION des calomnies répandues dans un libelle fait en réponse à l'Addresse de J.-Paul Arnault, ex-Administrateur du district...* Ibid., id. — In-8° de 26 p.

L'an IV ne nous a fourni aucun travail de l'association formée par Vincent Challuau et François Chesneau, et en l'an V, c'est le nom de ce dernier qui paraît seul sur l'ouvrage suivant :

*JOURNAL de l'art de conserver la santé et de prolonger la vie, utile aux citoyens de tout âge, de toute profession et mis à leur portée, par J.-C. Gilles-Latourette,... tome Ier.* A Loudun, chez François Chesneau, imprimeur de l'Administration municipale, an V. — In-8°.

Outre un prospectus en 4 pages, nous avons vu 5 n°s de 24 pages chacun, du 10 messidor au 20 thermidor an V, mais il y en a peut-être plus (1). Sur le prospectus, l'adresse de l'imprimeur est indiquée rue du Grand-Pavé.

Mais dès l'an VI c'est Challuau qui reparaît, à l'exclusion de Chesneau, et qui donne cette pièce :

*EXTRAIT du Registre des Délibérations de l'Adminis- tration municipale du canton de Monts. Séance du 16 flo- réal an VI de la République.* A Loudun, chez V. Challuau- Jamain, imprimeur de l'administration municipale, an VI. — Affiche pet. in-fol.

Arrêté relatif aux marchands ou conducteurs de bœufs qui laissent leurs bêtes s'écarter de leur route et commettent des dégâts dans les pro- priétés riveraines, et ordonnant que ces animaux seront muselés.

Challuau s'était marié avec Radegonde Jamain, de Baugé (Maine-et-Loire), et c'est sous le nom de Challuau-Jamain qu'il livra depuis lors ses impressions. Celles que nous avons vues ne sont d'ailleurs que des affiches et placards sans importance qu'il est superflu d'énumérer. Nous ne men- tionnerons que la suivante, qui, outre son intérêt intrin- sèque, nous sert de jalon pour montrer la continuité de l'établissement sous la même direction.

*EXTRAIT du jugement rendu le 24 floréal an 12 par le Tribunal de première instance, séant à Loudun, qui con- damne à l'amende de 1500 francs les ci-après nommés, déclarés conscrits réfractaires, de l'arrondissement de Loudun...* (17 réfractaires). A Loudun, chez V. Challuau-Ja- main, imprimeur-libraire, an XII. — Placard in-4°.

A la même date, un autre placard conçu dans les mêmes termes, et imprimé aussi par Challuau-Jamain, concerne 14 autres conscrits réfractaires.

---

(1) Pas beaucoup plus en tous cas, car la mort de l'auteur, survenue le 1er pluviôse an VI, a dû entraîner la cessation de la publication.

Avec Challuau-Jamain, nous entrons dans le xixᵉ siècle,
et quelques lecteurs sont peut-être d'avis que cette période
moderne est trop rapprochée de nous pour n'être pas suffisamment connue. Les conseils que nous avons sollicités ont
triomphé de nos hésitations, et nous nous sommes décidé
à pousser notre exposé historique jusqu'à nos jours. A notre
époque agitée par de fréquentes secousses, les morts vont
vite ; les témoins disparaissent, les souvenirs s'effacent rapidement, les documents eux-mêmes ne sont pas assurés
contre la destruction (1), et bien des choses d'il y a 40 ou 50
ans ne sont pas plus connues de la génération actuelle que
des événements beaucoup plus anciens. Sans que nous
ayons la prétention d'écrire pour la postérité, il peut se faire
que ces modestes pages, si elles échappent à un complet
oubli, aident plus tard à reconstituer un des petits côtés de
notre histoire locale. Un danger, il est vrai, se présentera
sur notre chemin, c'est celui de nous heurter à la politique,
car, à partir du premier Empire, le régime auquel l'imprimerie et la librairie ont été soumises se confond trop souvent avec la grosse question de la liberté de la Presse. Nous
connaissons l'écueil, et en usant d'une réserve discrète,
nous espérons l'éviter.

Nous retrouvons donc Challuau-Jamain imprimeur-libraire sous l'Empire et la Restauration. On sait que Napo-
léon Iᵉʳ n'aimait pas beaucoup la Presse ; il redoutait ses
écarts et son opposition. Ne pouvant la supprimer tout à

---

(1) En veut-on un exemple ? Les Archives du département de la Vienne
possèdent pour l'imprimerie et la librairie un fonds, T 6, qui commence en
1810 et devrait se continuer jusqu'en 1870. Mais depuis 1851 aucun versement
n'a été fait par les bureaux, les dossiers semblent perdus, et malgré les recherches obligeantes faites sur nos instances, nous n'avons rien pu obtenir.
Ajoutons à ce propos que, pour ce qui est de la période ancienne, il n'existe
aucun fonds aux mêmes Archives.

fait, il la réglementa et la soumit à une surveillance rigou-
reuse. Le décret du 5 février 1810, qui fixait le nombre des
imprimeurs et rétablissait l'obligation du brevet et du serment, donna lieu à une enquête administrative dans toutes
les villes. Le rapport du sous-préfet de Loudun, en date du
13 mai 1810, mentionne Challuau comme possédant une
presse avec un assortiment assez considérable de caractères
et imprimant les affiches, placards et tout ce qui peut être
nécessaire aux administrations locales ; il ajoute que Challuau est disposé à acheter une seconde presse si sa place
n'est pas supprimée, et il conclut à son maintien.

Le gouvernement de la Restauration prit à son tour ses
précautions contre ses adversaires par la loi du 21 octobre
1814, qui maintenait le brevet et le serment. La loi du 25
mars 1822 sur la répression des délits commis par la voie
de la Presse fut l'occasion d'une nouvelle enquête, et on
voit par le rapport du sous-préfet, du 12 avril suivant, que
Challuau-Jamain avait obtenu son brevet d'imprimeur le 8
août 1816 et un brevet de libraire le 1er août 1818. Il n'en
abusa pas, car bien qu'il ait continué sa profession jusqu'en
1830, nous n'avons trouvé de lui que cette pièce qui soit
digne d'être citée :

*ORAISON FUNÈBRE du très haut et puissant prince
Louis-Joseph de Bourbon, prince de Condé, prince du sang,
etc., mort à Paris le 13 mai 1818, prononcée dans l'église
de St-Pierre de Loudun le 9 juillet 1818, par M. L... (1).*
A Loudun, de l'imprimerie de V. Challuau-Jamain, an 1818. —
In-8° de 9 p.

(1) Cet anonyme cache l'abbé Lambert (Louis-Amable-Victor), théologal du
chapitre de la cathédrale de Poitiers, auteur de plusieurs autres discours et
oraisons funèbres qui ont été imprimées. Il devint plus tard vicaire général
et supérieur des Missions du diocèse, eut le titre de prédicateur ordinaire du
roi, et mourut à Poitiers le 3 octobre 1833, à l'âge de 66 ans.

Challuau-Jamain avait un fils, Emmanuel, qui eût été en état de lui succéder, si celui-ci ne fût revenu à Chinon, berceau de sa famille, et n'y eût remplacé en 1820 l'imprimeur François Breton-Challuau, son oncle, devenu aussi son beau-père. Au mois de juin 1830, Challuau-Jamain demanda à faire passer ses brevets sur la tête de Michel Bruneau, son neveu, qui depuis plusïeurs années déjà dirigeait son imprimerie. Il ne vendait alors, d'après l'avis du sous-préfet, que des livres d'église et ceux nécessaires aux élèves du collège.

### Bruneau-Rossignol.

Michel Bruneau obtint un brevet d'imprimeur en lettres (style administratif) et de libraire le 30 août 1830. Il se maria bientôt et depuis il signa presque toujours ses impressions du nom de Bruneau-Rossignol.

Rien de bien saillant à signaler pendant son exercice. Il faut dire pourtant qu'il se souvint qu'il était le compatriote de Théophraste Renaudot et qu'il créa le premier journal imprimé à Loudun :

*Journal de l'arrondissement de Loudun, affiches, annonces et avis divers.* Loudun, imprimerie Bruneau-Rossignol.— In-4° de 4 ou 8 p. à 2 col.

Hebdomadaire. Le premier numéro porte la date du 1er mai 1836. Cette feuille paraît encore toutes les semaines avec le titre un peu modifié de : « *Journal de Loudun, administratif, littéraire, agricole, industriel et commercial. Avis divers, annonces judiciaires et particulières,* petit in-fol. de 4 p. à 3. col.

En 1846, Bruneau-Rossignol se vit menacé d'avoir un

concurrent : Delecroix, qui était déjà imprimeur-lithographe et libraire, demandait un brevet d'imprimeur typographe. Bruneau-Rossignol défendit sa position en faisant valoir le peu de ressources qu'offrait la ville. « Quoique travaillant toujours seul, disait-il dans sa pétition, et satisfaisant à tous les besoins, il n'avait même pas de quoi s'occuper. » Sa réclamation fut appuyée par le maire et le sous-préfet, et il resta seul imprimeur.

Citons quelques brochures sorties de son atelier :

*NOTICE relative à la cérémonie funèbre qui a eu lieu dimanche 12 décembre 1830, en l'honneur du brave A. Chauvet.* 1830. — In-4° de 7 p.

*RÈGLEMENT pour la perception de l'octroi dans la ville de Loudun.* 1832. — In-4° de 24 pages.

A été réimprimé par Bruneau-Rossignol en 1841 et 1844.

*RÈGLEMENT des notaires de l'arrondissement de Loudun.* 1835. — In-4° de 13 p.

*URBAIN GRANDIER, ou les Religieuses de Loudun, drame historique en cinq actes, d'après un ouvrage de M. Alfred de Vigny, par M.\*\*\*, de Loudun.* 1836. — In-8° de 43 p.

*LAMOTHE-CHANDENIER, poème latin, par Léonard Frizon, jésuite, an 1657; traduit par Amiet, prêtre, curé de Bournand, près Lamothe, an 1839.* 1839. — In-8° de 120 p.

*DE L'ARCHÉOLOGIE, opuscule qui est accompagné d'une vignette, d'un tableau synoptique de l'architecture religieuse au moyen-âge, de deux notices, l'une sur la Pierre-Folle, l'autre sur l'église de Bournand, et de deux dessins qui représentent ces monuments. Par M. Arnault-Poirier, membre titulaire de la Société des Antiquaires de l'Ouest.* 1845. — In-8° de 44 p.

*MESSE VOTIVE du Très Saint-Sacrement, à l'usage*

3

*des membres de la Confrérie du très Saint-Sacrement établie dans l'église de Saint-Pierre de Loudun...* 1848. — In-32 de 20 p.

*UN INCRÉDULE CONVERTI, par A. Leduc.* S. d. (1851). — In-8° de 8 p.

Bruneau-Rossignol demeurait place de la Bœuffeterie, n° 11. En 1858, il vendit son établissement à Ernest Mazereau et se retira dans le bourg de Pas-de-Jeu (Deux-Sèvres), où il est mort en 1894, âgé de 93 ans.

### Ernest Mazereau.

Le brevet d'Ernest Mazereau est daté du 23 juillet 1858. Il prit la maison de son prédécesseur, continua la publication du Journal de l'arrondissement de Loudun et imprima aussi quelques plaquettes :

*FEUILLES DÉTACHÉES du journal d'un touriste en Italie, août, septembre, octobre, novembre et décembre 1857, par Léon Gilles de la Tourette.* — In-8°.

*LE FILS DU CZAR, tragédie en quatre actes, par M. Marcellus Canuel.* 1859. — In-8° de 67 p.

Il y a une 2e édition revue et corrigée, à la même date.

*MÉMOIRE adressé à S. Exc. M. le Ministre des travaux publics contre le dessèchement des marais de la Dive et de la Briande.* 1860. — In-8° de 25 p.

*ALMANACH de l'arrondissement de Loudun...* 1861 — In-12 de 50 p.

Le même pour 1862.

*L'ATLANTIQUE à 12 heures de Paris par le chemin de fer de Tours aux Sables-d'Olonne... Février 1861.* — In-8° de 32 p. et 1 plan lithogr.

Signé : Rabouin O'Sullivan.

*COMPTE RENDU de l'Exposition et du Comice agricole de l'arrondissement de Loudun les 14 et 15 septembre 1861, par le D<sup>r</sup> Léon Gilles de la Tourette. 1861. — In-8°.*

*RÉPONSE au Compte rendu sommaire des séances du Congrès pharmaceutique du Mans, de M. Guéranger, par M. Abel Poirier fils...* S. d. (1861). — In-8° de 15 p.

*CAUSERIES AGRICOLES, ou moyens de quadrupler la rente de sa terre en en augmentant la valeur vénale; des causes de la désertion des campagnes et des moyens de la prévenir; dialogue par un légiste en vacances.* 1861. — In-8° de 112 p.

*AVIS à mes voisins cultivateurs, par Ch. Karczewski.* S. d. — In-12 de 192 p. et 7 tableaux.

En 1862, Mazereau vendait son imprimerie à Benjamin Roiffé, pour en acheter une autre plus considérable à Tours.

### Benjamin Roiffé

Benjamin Roiffé transporta d'abord son établissement rue de la Grand'Cour, n° 1, puis au bout de quelques années il revint dans la maison de la place de la Bœuffeterie.

Nous avons relevé de lui les impressions suivantes :

*FÊTE AGRICOLE. Exposition et Concours présidés par M. le Préfet de la Vienne à Monts-sur-Guesnes le dimanche 7 septembre 1862.* (Signé: Léon de la Tourette.) 1862.—In-8° de 15 p.

*DRUET FRÉDÉRIC, secrétaire de la mairie de Loudun, 9 novembre 1862. Par Léon de la Tourette.* — In-8°.

*POÉSIE. Une cavalcade, ou un jour de Mi-Carême à Loudun, suivie d'une complainte sur les infortunes du coton. Par M. A. J....* (1863.) — In-8° de 16 p.

Par A. Jarrie, négociant à Pas-de-Jeu.

*COMICE AGRICOLE de l'arrondissement de Loudun. Exposition à Moncontour, 1863. Compte-rendu.* (1864.) — In-8° de 36 p.

Signé: Dr Léon de la Tourette.

*DE LA SCIENCE appliquée à l'art agricole, allocution prononcée par M. Abel Poirier...* (1864.) — In-8° de 8 p.

*COMPTE-RENDU de la cavalcade au profit des pauvres de Loudun, du 28 mars 1864.* — In-12 de 24 p.

Signé: L. T. (Léon de la Tourette).

*COMICE AGRICOLE de Loudun. Notes communiquées au Comice en 1863 et 1864, 1° sur l'élagage des arbres de haute tige, 2° sur le gemmage ou récolte de la résine. 1864.* — In-8° de 23 p.

*MÉMOIRE sur l'exercice illégal de la pharmacie présenté à S. Exc. M. le Ministre de l'Agriculture et du Commerce par la commission nommée par le Congrès de Poitiers. 1864.* — In-8° de 8 p.

Signé: Abel Poirier, de Loudun.

*LE DOCTEUR JULES GUYOT dans l'arrondissement de Loudun, Conférence sur la viticulture faite au Palais de justice de Loudun, par le Dr Léon de la Tourette. 1865.* — In-8°.

*DE L'AIR, son rôle en agriculture, discours prononcé par M. Abel Poirier, membre de l'Administration du Comice agricole de Loudun, à l'Assemblée générale du 3 décembre 1865.* — In-8e de 16 p.

*LE FILS DU CZAR, tragédie en cinq actes, suivie des*

*Pensées d'Automne, par M. Marcellus Canuel.* 1865. — In-8°.

*LE PAYS LOUDUNAIS, recherches géologiques et agronomiques, par H. Le Touzé de Longuemar. Par le D^r Léon de la Tourette.* 1867. — In-8°.

*L'ENQUÊTE AGRICOLE de 1866. Souffrances et servitudes de l'agriculture... par le Maire de commune de Saint-Laon.* 1866. — In-8° en deux parties, dont la seconde a 83 p.

*TARIF des honoraires des notaires de l'arrondissement de Loudun.* 1867. — In-8° de 14 pages.

*ETAT DES MINUTES déposées dans les études des notaires de l'arrondissement de Loudun ( Vienne).* 1878. — In-8° de 56 p.

*COMICE AGRICOLE de l'arrondissement de Loudun. Séance du 6 mai 1879. Compte-rendu des travaux annuels par M. Abel Poirier, secrétaire.* 1879. — In-8° de 28 p.

*NEUVAINE en l'honneur de Saint Alléaume, abbé et patron de la ville de Loudun.* 1882. — In-32 de 29 p.

*OBSERVATIONS d'un ancien délégué cantonal sur la loi du 28 mars 1882.* 1882. — In-8° de 30 p.

Signé : G. Du Petit-Thouars.

## Arthur Roiffé

Benjamin Roiffé mourut en 1882, laissant pour successeur son fils, Arthur Roiffé, qui exploite encore aujourd'hui l'imprimerie et la librairie dans la maison de la place de la Bœuffeterie, devenue l'année dernière place Carnot.

Nous citons comme produits de ses presses :

*RÈGLEMENT et tarif de l'octroi de la commune de Loudun.* 1883. — In-12 de 54 p.

*ERNEST JOVY. Le Patriotisme, discours prononcé à*

*la distribution des prix du collège de Loudun, le 2 août 1884. 1885. — In-8° de 29 p.*

*ERNEST JOVY. La Question du grec. 1886. — In-8° de 19 p.*

*HYMNE ET CANTIQUES pour le pèlerinage et la procession de la ceinture de la Vierge conservée au Puy-Notre-Dame (Maine-et-Loire)... 1887. — In-12 de 22 p.*

*SYNDICAT agricole de l'arrondissement de Loudun. Statuts. 1887. — In-12 de 8 p.*

*SYNDICAT des marais de la Dive et de la Briande. Décret du 24 septembre 1864. 1887. — In-8° de 20 p.*

Réimpr. en 1895.

*ERNEST JOVY. Etudes et recherches, I. Guillaume Prousteau... 1888. — In-8° de 77 p.*

Deux autres fascicules ont été imprimés en 1891 et 1892.

*CHOIX DE CANTIQUES à l'usage des Dames de Chavagnes. 1890. — In-8° de 158 p.*

*LES FOUACES de Lerné, notes historiques par Henri Grimaud... 1891. — In-8° de 4 p.*

*NOTES d'épigraphie chinonaise, par H. Grimaud... 1891. — In-8° de 3 p.*

*LOUDUN au XVIIIᵉ siècle. Mémorial des choses les plus mémorables qui se passent en la ville de Loudun, années 1749 et suivantes, par Dumoustier de la Fond,... avec une Introduction et des notes par Du Martray. 1892. — In-8° de 3 ff. et 29 p.*

Du Martray est le pseudon. de M. Richaud, avocat à Loudun.

*PÈLERINAGE de Lourdes, 24-29 août 1891. Impressions et souvenirs, par un pèlerin. 1892. — In-8° de 29 p.*

Signé : E. Guyot de Lespars, curé de Saint-Cyr-en-Bourg.

*COSS'DAYS. (1893). — In-16 de 16 p.*

Par M. Guy Jouanneaux, de Loudun.

*ANNUAIRE Loudunais, 1893. — In-16 de 32 p.*

Le même pour 1894 et 1895.

*SOCIÉTÉ COLOMBOPHILE le Messager de Loudun. Règlement général.* 1893. — In-8° de 16 p.

*LOUIS TRINCANT, procureur du roi au bailliage de Loudun. Abrégé des antiquitez de Loudun et païs de Loudunois (1626), manuscrit inédit publié avec une notice et des notes par Roger Drouault.* 1894. — In-8° de 55 p.

Arthur Roiffé publie comme ses prédécesseurs le *Journal de Loudun*, et depuis le mois de janvier 1884, il imprime cet autre journal :

*L'Agriculteur Loudunais, organe du comice et du syndicat agricole de l'arrondissement de Loudun.* — In-4° de 8 p. à 2 col.

Enfin, au moment où nous terminons cette étude, nous recevons sous la date du 1er juillet 1895, le premier numéro de cette Revue, imprimée aussi par Roiffé, qui compte au nombre de ses collaborateurs nos jeunes amis, Roger Drouault et Henri Grimaud :

*Revue du Haut-Poitou et des confins de la Touraine et de l'Anjou. Histoire, Archéologie, Beaux-Arts. Revue mensuelle.* — In-8° de 16 p.

### Aglomain. — Pastisson. — Delourdine. — Palluaux

Le décret du Gouvernement de la Défense nationale, en date du 10 septembre 1870, ayant déclaré libres les professions d'imprimeur et de libraire, une seconde imprimerie fut créée à Loudun en 1872 par une société dont Xavier Aglomain fut d'abord le gérant, avant d'être seul propriétaire. Elle a passé en 1878 dans les mains d'Anatole Pastisson, puis d'A. Delourdine, et est devenue en 1882 la propriété de Daniel Palluaux, qui l'exploite actuellement. L'établissement a voyagé de la rue de la Poulaillerie à la rue de la Vieille-Charité, à la place Sainte-Croix, et est revenu rue de la Poulaillerie.

De l'atelier d'Aglomain sont sorties les pièces suivantes :

*FÊTE du dimanche 21 juin 1874. Inauguration des usines à eau et à gaz de la ville de Loudun.* (Signé : D<sup>r</sup> Léon de la Tourette). S. d. (1874). — In-8° de 20 p.

*LE ROYAUME du roy d'Yvetot à Loudun.* S. d. (1874). — In-8° de 35 p.

La dédicace *Aux membres de la Société des Archives historiques du Poitou* est signée : D<sup>r</sup> L. T. (Léon de la Tourette) et datée de Loudun le 1<sup>er</sup> septembre 1874.

Aglomain a aussi fondé :

*L'Echo Loudunais, journal administratif, commercial, littéraire, annonces judiciaires et avis divers. Paraissant le samedi.* — In-fol. de 4 p. à 3 col.

Le premier numéro est du 16 mai 1874.

Pastisson a remplacé ce journal par le suivant :

*La Gazette Loudunaise, journal administratif, commercial, littéraire, annonces judiciaires et avis divers. Paraissant le samedi.* — In-fol. de 4 p. à 3 col.

Commencée le 27 avril 1878, elle a été continuée par Delourdine et par Palluaux et est aujourd'hui, après plusieurs changements dans son sous-titre : *La Gazette Loudunaise, organe des Comités républicains progressistes.*

Palluaux a imprimé :

*VILLE DE LOUDUN. Règlement de police municipale* (13 mars 1882). — In-8° de 23 p.

*LA SOCIÉTÉ de Loudun, étude historique sur les mœurs et la politique depuis la Révolution jusqu'en 1870, par un vieux Loudunais.* S. d. — In-18 de 19 p.

Par M. G. d'Espinay.

*URBAIN GRANDIER et la calotte à Laubardemont (18*

*août 1634), notice historique, par A. Lecomte, député de
l'Indre.* 1891. — In-8° de 18 p.

Extr. de la *Gazette Loudunaise* du 24 mai 1891.

*EUGÈNE HATIN. Théophraste Renaudot, sa vie et ses
œuvres. Publié par le Comité pour l'érection dans sa ville
natale d'un monument digne de cet homme de bien.* (1892).
— In-8° de 16 p. avec 1 portr.

*DISCOURS prononcé par M. Mazurier, sous-préfet de
Loudun, à la distribution des prix du collège de cette ville,
le 29 juillet 1893.* — In-8° de 8 p.

Palluaux imprime aussi :

*Journal de Monts-sur-Guesnes, politique, administratif,
commercial et d'annonces.* — In-fol. de 4 p. à 3 col.

Le 1ᵉʳ nᵒ est du 1ᵉʳ août 1886. Ce journal n'a paru jusqu'à présent qu'au
moment des élections.

## Les libraires au XIXᵉ siècle.

Le rôle des libraires du xixᵉ siècle a été bien modeste
dans les villes dont nous nous occupons aujourd'hui, et
surtout à Loudun. Cependant nous ne serions pas complet
- dans cette étude si nous ne signalions leurs noms, au moins
jusqu'à l'année 1870, époque à laquelle la suppression du
brevet et la liberté absolue ont permis au premier venu de
débiter des livres.

Gabriel BAUSSAN, né le 15 mars 1777 à Léogane, île de
Saint-Domingue, obtint un brevet de libraire le 20 mai
1835. Dans sa demande il disait qu'il tenait un cabinet de
lecture depuis près de onze ans. On lit sur le titre du *Colporteur,* publié à Châtellerault en 1829 et 1830, et sur le
titre du *Patriote de la Vienne,* fondé à Poitiers en 1830,
que les abonnements à ces journaux étaient reçus chez lui.

Sur un état des libraires et imprimeurs du département de la Vienne dressé à la Préfecture en 1851, il est dit que le brevet de Baussan est exploité par Madame Aline Rousseau, épouse de M. Léon MERLE. Cette librairie, située dans la rue Centrale, a disparu depuis trois ou quatre ans.

Clément DELECROIX fut pourvu, le 14 mars 1846, des brevets d'imprimeur-lithographe et de libraire. Au mois de juin suivant, il sollicita un brevet d'imprimeur-typographe; nous avons vu que sa demande fut rejetée à la suite de la réclamation de Bruneau-Rossignol. La lithographie, répandue en France depuis le commencement de ce siècle, n'a eu que très tardivement à Loudun ce représentant qui a laissé seulement le souvenir de son nom.

Un mot encore, en terminant ce chapitre. Il n'est pas tout à fait étranger à notre sujet de rappeler qu'en 1894 Loudun , sous l'impulsion patriotique de son maire, M. Alphonse Duméreau, et de son conseil municipal, secondés par le zèle actif de notre ami Roger Drouault, s'est honoré en élevant par une souscription publique une statue à l'un de ses plus illustres enfants, Théophraste Renaudot, le *père du journalisme* en France, et en y joignant le médaillon du regretté M. Eugène Hatin, le premier et le plus éloquent de ses avocats. Ce monument, œuvre très réussie du sculpteur poitevin Alfred Charron, décore maintenant la place de la Mairie.

EPISTRE

# ENVOYEE PAR

## *LE SIEVR DE VRILLAC*

ADVOCAT AV PARLEMENT DE
Paris, au sieur de Vrillac son Pere, sur
le suject de sa conuersion, faicte à Sedam, le troisiéme Aoust, mil six cens
vingt vn.

A CHASTELERAVD,

Par Quentin Mareschal, Imprimeur &
Libraire, sur le Pont de Vienne.
mil six cens vingt vn.

## Chapitre II. — CHATELLERAULT

### Quentin Maréchal.

Nous revenons maintenant à Quentin Maréchal que nous avions laissé au moment où il quittait Loudun pour aller s'installer à Châtellerault ; c'était, on s'en souvient, en 1620. Châtellerault n'avait pas encore eu d'imprimeur, et ce fut la quatrième ville au moins où Maréchal introduisait l'art typographique. Il ne perdit pas de temps et dès l'année suivante il produisait ce livret :

*EPISTRE ENVOYÉE par le sieur de Vrillac, advocat au parlement de Paris, au sieur de Vrillac son père, sur le suject de sa conversion, faicte à Sedam, le troisième aoust, mil six cens vingt un.* A Chasteleraud, par Quentin Mareschal, imprimeur et libraire, sur le Pont de Vienne, mil six cens vingt un. — Petit in-4° de 31 p.

Le sieur de Vrillac expose dans cette épître les raisons qui l'ont engagé à se convertir au protestantisme.

Nous avons découvert cette curieuse édition à la bibliothèque de Poitiers, dans un recueil factice de pièces protestantes de la même époque ; elle n'avait jamais été signalée et permet de faire remonter à un an plus tôt l'imprimerie châtelleraudaise, qu'on s'accordait avec le *Dictionnaire de Géographie à l'usage du libraire* à dater de l'année 1622 seulement.

C'est une impression mauvaise et très incorrecte, faite avec de vieux caractères à demi usés, où les fautes et les coquilles abondent, sur un papier grisâtre assez grossier; elle est digne en tous points de celles que Maréchal venait d'exécuter à Loudun. Sur le titre, dont nous donnons le fac-simile, paraît encore la marque de la *Religion chrétienne*, mais d'un autre dessin que celle employée à Loudun en 1619. La présence de cette marque, le sujet du livre qui est un plaidoyer en faveur du protestantisme attestent que Maréchal était encore attaché à la religion réformée, mais ce fut pour la dernière fois. Il s'aperçut apparemment qu'à Châtellerault ce parti n'était pas le plus fort; tous les actes de l'état civil que nous avons consultés concernant sa famille montrent qu'il entra dans le giron de l'église catholique, et désormais son imprimerie ne servit plus que cette cause.

Nous savons par Quentin Maréchal lui-même qu'il demeurait à Châtellerault *sur le pont de Vienne*. Nous pensons toutefois que cette adresse, qu'il donne sur plusieurs de ses impressions et que son fils Simon indique comme lui, doit être entendue dans le sens que sa maison était *contiguë* au pont de Vienne.

Le beau pont de Châtellerault, qui venait d'être reconstruit sous le règne d'Henri IV, n'a jamais été garni de boutiques comme certains vieux ponts de Paris et d'ailleurs. Nous avons lieu de croire que l'imprimerie fondée par Quentin Maréchal a toujours occupé la même maison, dans la paroisse de Saint-Jacques, et Pierre-Jean-Baptiste Guimbert, le dernier de ses descendants, a encore indiqué quelquefois son adresse, sur le pont ou près le pont. L'acte par lequel il vend son établissement à Louis Drouault en l'an IX a, comme nous le verrons, été passé « en sa demeure, dans une chambre basse qui a son aspect sur le pont ». Or cette maison, quoiqu'elle ait été reconstruite, est bien connue ; c'est celle qui est située à l'entrée et en amont du pont, du côté gauche en sortant de la ville. Elle appartient aujourd'hui à une dame Auger, et un appartement du premier étage est encore désigné sous le nom de « l'imprimerie ».

La seconde pièce sortie de la presse de Quentin Maréchal est conçue dans un esprit tout opposé à la première :

*CONVERSION DE MONSIEUR DE BRASSAC conseiller du Roy en ses Conseils d'Estat Capitaine de cent hommes d'armes de ses Ordonnances Lieutenant. Général pour sa Maiesté en la province de Poictou, Loudunois Chastelleraudois, Gouverneur de la ville de Chastelleraut, etc. Dedié a Monsieur de Parabere.* A Chastelleraud, chez Quentin Mareschal, Imprimeur et Libraire, 1622. Avec permission. — In-8 de 4 ff. prélim. et 196 p. num., texte avec manchettes.

(Bibl. de l'Arsenal, à Paris.)

L'épître dédicatoire à M. de Parabère, gouverneur de Niort, est datée de Paris le 22 février 1622 et signée *de Chabans.* Celui-ci dit qu'il publie le traité écrit par M. de Brassac lui-même, auquel il l'a arraché presque par force.

Quelques détails sur ces deux personnages trouvent ici leur place.

Louis du Maine, baron de Chabans, dont la vie est assez peu connue, fut tué en duel par le père de la célèbre Ninon de Lenclos ; Tallemant des Réaux dans ses *Historiettes* raconte quelques traits de lui. Il est auteur d'*Œuvres spirituelles* qui lui ont valu un sonnet d'éloges de la part de Malherbe. Il publia aussi un « Advis et moyen pour empêcher les désordres des duels », Paris, Langlois, 1615, in-8°, comme s'il eût eu le pressentiment du sort qui l'attendait.

Bassompierre parle de lui dans ses *Mémoires* en termes peu avantageux ; il le représente comme un homme se mêlant de tout, cherchant à se mettre en place des autres, et comme un *proposeur de desseins* qu'il abandonnait au moment de l'action. Il arriva cependant à de hauts emplois, et cet ouvrage que nous connaissons de lui donne ses titres : « Histoire de la guerre des Huguenots faicte en France, sous le règne du Roy Louis XIII, avec les plans des sièges des villes en taille douce. Par M. le baron de Chabans, gentilhomme ordinaire de la Chambre du Roy, gouverneur de Sainte-Foy et général de l'artillerie de la Sérénissime République de Venise. » Paris, Toussainct du Bray, 1634, in-4°.

Jean de Gallard de Béarn, comte de Brassac, baron de la Roche-Beaucourt, né en Saintonge en 1579, mort à Paris le 14 mars 1645, était doué d'une haute intelligence et d'une forte instruction, mais « hargneux et toujours en colère », dit Tallemant des Réaux. Il avait épousé la belle-fille (1) de Jean de Baudéan, comte de Parabère, lieutenant général du haut et du bas Poitou. Après avoir été lieutenant du roi à Saint-Jean-d'Angely, il fut pourvu de la charge de gouverneur de Châtellerault par lettres patentes du 15 janvier 1622 ; c'était à ce moment même qu'il embrassait la religion catholique. Il devint par la suite ambassadeur du roi à Rome, puis gouverneur de la Lorraine et écrivit alors ce petit ouvrage : « La Réduction de la ville et comté

---

(1) Catherine de Sainte-Maure, fille de François de Sainte-Maure, baron de Montausier, mort à Saint-Jean-d'Angély en 1588, et de Louis Gillier, dame de Salles, qui se remaria avant le 3 avril 1606 avec le comte de Parabère. (Cf. *Hist. généal. de la Maison de France*, par le P. Anselme, t. V, p. 19, et les *Historiettes* de Tallemant des Réaux). C'est par erreur que M. de Lastic dit dans les *Mém. de la Soc. des Antiq. de l'Ouest*, ann. 1885, p. 500, que Mad* de Brassac était fille de M. de Parabère ; comme on le voit, elle n'était que sa belle-fille.

de Vaudemont à l'obéissance du Roy, avec l'ordre estably dans la ville de Nancy », Paris, Matthieu Colombel (aussi Rouen, J. Cailloué), 1634, in-8° de 15 p.

La conversion de ce grand seigneur fit beaucoup de bruit dans le camp des catholiques comme dans celui des protestants. Le livre publié par M. de Chabans se répandit rapidement, et une autre édition, qui doit même avoir précédé celle donnée par Maréchal, était publiée la même année à Paris par Toussaint du Bray, in-8ᵉ de 4 ff. prélim. et 162 p. Les protestants appréhendaient que cette défection en entraînât d'autres dans la haute noblesse, et leurs craintes n'étaient que trop justifiées. Madᵉ de Brassac fut la première à suivre l'exemple de son mari. Celui-ci informait son beau-père (1) des motifs de leur conversion par cette lettre qui fut imprimée : « Déclaration de M. de Brassac, gouverneur de Châtellerault et lieutenant pour le Roy en Poitou, etc., sur le sujet de sa conversion et de Madame de Brassac, son espouse », Poitiers, Anthoine Mesnier, 1622, in-8° de 8 p. Un récollet, le P. Bernard du Verger, qui avait beaucoup contribué par sa prédication à éclairer la conscience de Madᵉ de Brassac, écrivit pour elle ce petit ouvrage : «Sacrées cérémonies de la sainte messe, déclarées à Madame de Brassac», Poitiers, par Antoine Mesnier, 1622, in-8° de 3 ff. limin. et 62 p.

Cependant M. de Saint-Maurice, frère du comte de Brassac et gendre de M. de la Ravardière, fut ébranlé à son tour et, après avoir soumis ses doutes à des ministres protestants, il embrassa la religion catholique. Le célèbre pasteur de Charenton, Pierre Du Moulin, écrivit à M. de la

_____
(1) Le comte de Parabère abandonna aussi le protestantisme avant de mourir en 1631.

Ravardière, pour réfuter les objections de son gendre :
« Response à quatre demandes faites par un gentilhomme
de Poictou », Sedan, chez Abdias Buizard, 1623, in-8° de
82 p. Avec l'ardeur du néophyte, M. de Brassac reprit la
plume et fit imprimer sous ses yeux par Maréchal :

*RÉPLIQUE à un livret de Pierre Du Moulin, ministre*
*prétendu Refformé, intitulé « Response à quattre demandes*
*faites par un Gentil-homme de Poictou ».* A Chasteleraud,
par Quentin Mareschal, imprimeur et libraire, 1623. Avec permission. — In-8° de 88 p., non compris le feuillet de titre et
l'Adresse de « Monsieur de Brassac au lecteur » qui occupe
4 pages.

(Bibl. de Poitiers.)

Tels sont les témoignages bibliographiques de cette conversion qui avait pris les proportions d'un évènement. Citons
maintenant les autres œuvres de notre imprimeur.

*EDICT DU ROY, portant création des offices de com-*
*missaires receveurs héréditaires des deniers des saisies*
*réelles...* A Chasteleraut, chez Quentin Mareschal, sur le pont
de Vienne, suivant la coppie imprimée à Paris, 1628. — In-8°
de 26 p.

(Coll. Alf. Richard.)

*DÉCLARATION DU ROY, portant confirmation des*
*droicts attribuez aux commissaires receveurs des deniers*
*des saisies réelles suivant l'édict de création d'iceux.* Ibid.,
id., 1628. — In-8° de 8 p.

(Coll. Alf. Richard.)

*EMINENTISSIMI CARDINALIS ducis et paris*
*Franciæ Richelium.* Castrieraldi, ex officina Quintini Mares-
calli, A. S. 1635. — In-4° de 2 ff. [non ch. et 13 p. num., ca-
ract. ital.

(Bibl. nat., Réserve, mYc, n° 758.)

Le premier feuillet est pour le titre et le 2ᵉ est pour l'épître dédicatoire : « Illustrissimo et generosissimo Domino D. Joanni Goulardo Brassaci et Rupisbellicuriæ comiti... », qui est datée : « Castri-Eraldi Calendis Januarii, A. S. 1635 ». Ce recueil de pièces de vers à la louange du cardinal de Richelieu est signé à la fin : « P. Bonifantius Castrieraldi proprætor ». Pierre Bonenfant, sieur de Minerval, assesseur à la sénéchaussée, fut maire de Châtellerault en 1632 et 1634.

*MÉMOIRES PRÉSENTEZ au public contre le livre de Pierre Du Moulin, ministre, intitulé « Anatomie de la Messe », où il est fait une dissection de cette prétendue Anatomie. Par Maistre René Pidoux, escuyer, sieur de Meocq, etc., conseiller du Roy et lieutenant particulier au siège royal à Chastelerault.* A Chastellerault, par Quentin Mareschal, imprimeur et libraire, sur le Pont de Vienne, 1638. — In-4° de 348 p., plus 1 page pour l'erratum.

(Bibl. de Poitiers. — Coll. Alf. Richard. — Coll. A. Labbé.)

Titre imprimé en rouge et noir, avec une jolie vignette qui représente Jésus-Christ entouré de tous les instruments de la Passion.

La carrière typographique de Quentin Maréchal se clôt pour nous avec ce dernier ouvrage; s'il a exécuté d'autres œuvres, le temps les a condamnées à l'oubli. Il est à croire pourtant qu'il vécut encore plusieurs années. Nous n'avons pas retrouvé son acte de décès, mais celui de sa femme que nous avons découvert dans les registres de la paroisse de Saint-Jacques de Châtellerault est ainsi conçu : « Le cin-

quiesme octobre 1642 est décédée Bénigne Ladmiral, native
de Langre en Champagne, femme de Quentin Mareschal,
libraire, et a esté enterrée dans les cloistres des Pères
Cordeliers. »

*Femme*, et non *veuve*, dit cet acte qui, éloquent dans sa
concision, prouve en même temps l'orthodoxie de la dé-
funte ; et *native de Langre en Champagne*, ainsi que nous
l'avons fait remarquer lorsque nous avons fait connaissance
avec Maréchal à Chaumont-en-Bassigny.

Quentin Maréchal et Bénigne Ladmiral eurent au moins
trois enfants, Simon qui succéda à son père, Anne qui resta
fille, et Gillette qui épousa Louis Couturier, sergent royal à
Châtellerault. Le contrat de mariage de cette dernière passé
devant Calvin et Rivière, notaires, stipule qu'en considé-
ration de cette union, qui sera célébrée en observant les
solennités de l'Église catholique, apostolique et romaine,
les époux Maréchal donnent à leur fille la somme de 400
livres tournois, 6 linceuls de toile (draps de lit), 6 nappes,
12 serviettes, ses habits nuptiaux et un chaperon. L'acte
porte entre autres signatures celles de Quentin Maréchal que
nous reproduisons en *fac-simile*, de Bénigne Ladmiral et de
Simon Maréchal (1).

(1) Arch. de la Vienne, E·, *Minutes de notaires.*

## Simon Maréchal.

Avant d'aller plus loin, nous avons une dette de reconnaissance à acquitter envers M. Arthur Labbé, l'ardent et érudit bibliophile châtelleraudais, pour le concours si précieux qu'il nous a apporté dans nos recherches. Notre excellent confrère nous a ouvert largement sa riche bibliothèque, il nous a communiqué toutes ses notes, il nous a indiqué des sources que nous ne connaissions pas et c'est grâce à lui, nous nous empressons de le proclamer, que nous sommes en état de donner aujourd'hui un aperçu plus complet de l'imprimerie à Châtellerault.

Après ce légitime hommage rendu à notre collaborateur, revenons aux descendants de Quentin Maréchal.

Simon Maréchal prit la direction de l'imprimerie de son père à une date que nous ne pouvons préciser; ce n'est que le 25 septembre 1651 que nous l'avons vu pour la première fois qualifié imprimeur dans l'acte de baptême d'un de ses enfants. La liste des ouvrages dus à son industrie n'est pas très chargée.

*CONTRACT FAICT avec le Roy Henry second d'heureuse mémoire, en l'an mil cinq cens cinquante et trois. Contenant le rachapt de la Gabelle, et amortissement du Quart et demy de sel, avec promesse faicte par Sa Majesté ores ne à l'advenir de non imposer aucun tribut, droit, debvoir accoustumé ou autre chose quelconque pour quelque cause et affaire que ce soit sur ledit sel, es pays de Poictou, Xainctonge, Aulnis, Guyenne et autres pays mentionnez par ledict Contract.* A Chastelleraud, par Simon Mareschal, imprimeur et libraire, Mil six cens cinquante cinq. — In-4º de 22 p., non compris le titre.

(Bibl. de Poitiers. — Coll. A. Labbé.)

Cette pièce avait déjà été imprimée à Poitiers par Antoine Mesnier, s. d., mais 1623, in-8º de 40 p.

*DÉCLARATION DU ROY pour les franchises de Gabelles, es provinces de Poictou et autres mentionnées au Contract faict par Sa Majesté pour lesdites Gabelles.* A Chastelleraud, par Simon Mareschal, imprimeur et libraire, Mil six cens cinquante cinq. In-4º de 4 p.

(Coll. A. Labbé.)

Sur le titre vignette aux armes de France et de Navarre. Cette Déclaration du roi est du 26 octobre 1617.

*RESPONCES ET CONTREDICTS fournis par maistre René Pidoux, escuier, sieur du Verger, conseiller du Roy et lieutenant particulier au siège royal à Chastellerault, à l'œuvre du sieur Daillé, l'un des ministres de Charenton, intitulé « la Foy fondée sur les Escritures », contre les Méthodistes de ce temps.* A Chastellerault, par Simon Mareschal, imprimeur et libraire, demeurant sur le pont de Vienne, 1656. Avec Approbation. — Pet. in-4º.

(Bibl. de Poitiers. — Coll. A. Labbé.)

L'ouvrage contient 17 ff. prélim., 432 p. num., plus 4 ff. non paginés et un appendice adressé « Au lecteur » de 20 p. num.. Les ff. prélim. sont pour le titre, l'épître à *Mademoiselle d'Orléans, souveraine de Dombes, duchesse de Montpensier, Châtellerault, sainct Fargeau, etc.*, les pièces de vers, l'Approbation et une table raisonnée. Les pièces de vers en latin et en français sont signées de Desmonts, assesseur criminel de Châtellerault, La Massone, *collega tuus nec non saltibus regiis et aquis proefectus*, L. Phelippon, avocat en Parlement, C. Phelippon, Fr. L'Archer, docteur en médecine, Jean Calvin, dʳ en médec., Prosper Desmonts, sieur de la Reintrye, C. Dandenac, avocat, Edmond Nicolay, professeur au collège de Châtellerault, Jean Nicolay le fils, Claude Nicolay, F., Edmond Nicolay, diacre, F. E. Bordier, R. St F. Tous les beaux esprits de Châtellerault, on le voit, furent mis à contribution. L'Approbation, datée du 18 octobre 1654, est signée du frère F. Hache et du frère A. Matthaei, docteurs en théologie de la faculté de Paris. Bonne impression.

*SENTENTIÆ ex duodecim Biblioth. Patrum tomis selectæ : et ad faciliorem usum pastorum et prædicatorum, ordine alphabetico dispositæ ; cum duplici indice, uno vocabulario, altero compendiario, in quo breviter quid quælibet sententia continet, exprimitur. Per Fratrem Franciscum Hache Pictavum, ordinis Minorum Cordigerorum, almæ facultatis Theologiæ Parisiensis doctorem.* Castriheraldi, ex typographia Simonis Mareschal, bibliopolæ, cum privilegio Regis, approbatione doctorum et licentia Superiorum, 1666. — In-fol. à 2 colonnes chiffrées 1224, soit 612 pages, plus 22 ff. prélim. non ch., titre en rouge et noir avec une vignette représentant la Sainte Trinité.

(Bibl. de Poitiers. — Bibl. de Châtellerault).

Dans son épître en latin au *Candide lecteur*, le Père Hache se plaint que son ouvrage fourmille de fautes, et cela tant à cause de son absence que par l'incurie et la négligence de l'imprimeur. Tu te plaindras aussi, dit-il, que le papier ne soit pas plus solide, plus fin et plus beau ; ce défaut est dû à mon extrême pauvreté. Et cette même pauvreté retient comme en prison un autre ouvrage qui pourrait bien faire 4 ou 5 volumes in-folio ; mais il restera toujours sous le boisseau, si quelque généreux libraire ne vient bien vite ouvrir sa prison avec une clef d'or ou d'argent, car l'auteur est déjà avancé en âge. — Nous avons jadis trouvé l'acte de baptême du P. Hache dans les registres de Saint-Hilaire-le-Grand de Poitiers, à la date du 12 octobre 1612 ; il était donc alors âgé de 54 ans. Mais aucun éditeur ne se présenta avec une clef d'or pour exaucer le vœu du P. Hache, et son ouvrage resta pour toujours enfermé dans sa prison.

Simon Mareschal avait épousé Marie Faisant, qui lui donna sept enfants, du 9 février 1642 au 25 avril 1658. Nous ne les nommons pas ici ; ces petites gens restent pour la plupart étrangers à notre sujet et n'ont rien à faire avec l'histoire.

Il possédait quelque bien, et notamment une maison pour partie, sise au village de Voisine, paroisse de Marigny-sous-Marmande, pour laquelle il reconnaissait devoir une rente aux consorts de Remigioux suivant acte passé devant Calvin, notaire à Châtellerault, le 26 mars 1663.

Il semble aussi avoir cherché dans certain négoce un supplément aux maigres profits que lui donnait son état d'imprimeur et de libraire, car on le voit céder devant le même Calvin, le 31 janvier 1669, à un sieur Louis Besnard, marchand à Chinon, un marché et vendition de bois qui lui avait été consenti par Catherine Lefebvre, veuve de Joachim de Lescot, sieur du Marais, et Gabriel de Lescot, son fils (1).

Marie Faisant mourut le 11 juin 1662 et fut enterrée en l'église Saint-Jacques devant l'autel de saint Côme et saint Damien. Son mari lui survécut quinze ans ; il mourut le 1er juin 1677 sur la paroisse de Saint-Jean-Baptiste et fut enterré dans le grand cimetière de l'église. L'acte d'inhumation dit qu'il était âgé d'environ 65 ou 66 ans.

### Jean-Baptiste Maréchal

Jean Maréchal, nommé aussi Jean-Baptiste dans plusieurs pièces (2), fils de Simon et de Marie Faisant, fut baptisé à l'église Saint-Jacques le 25 septembre 1651. Il dut prendre l'imprimerie à son compte après la mort de son père, mais sa gestion fut particulièrement stérile. Dans un espace de quarante années, nous n'avons pas relevé une seule œuvre portant son nom.

Le 24 août 1671, il épousait Élisabeth Boutet, toujours en l'église Saint-Jacques, témoin de presque tous les actes religieux concernant la famille Maréchal ; cette union fut couronnée par huit enfants. Par un acte passé devant Calvin le 3 février 1677, les deux époux se faisaient dans la suite

---

(1) Arch. de la Vienne, E·, *Minutes de notaires.*
(2) Il est nommé *Jean* dans son acte de baptême.

donation mutuelle de tous leurs acquêts meubles et immeubles et de la tierce partie de leur patrimoine propre.

Un autre acte qui a éveillé notre curiosité est celui qui fut dressé par le même notaire Calvin, le 14 février 1685.

On y lit que « Anne Mareschal, veuve de Pierre Fregeismond, m° mareschal, demeurant paroisse de St-Ligny lès la ville du Blanc, de présent en cette ville, et Magdelleine Mareschal, fille, lingère, mestresse de ses droicts, demeurant audit Chastellerault, héritières en partye de deffuncte Anne Mareschal, leur tante, demeurant audit Chastellerault », consentent que « Jehan Mareschal, leur frère, imprimeur, demeurant audit Chastellerault, héritier aussy en partye de ladite deffuncte Anne Mareschal, sa tante, prenne et reçoive des mains de M° Anthoine Dupleix cy devant nottaire royal audit Chastellerault, exécuteur testamentaire de ladite deffuncte Anne Mareschal la part quy peult apartenir à Marie Mareschal, Joseph Mareschal et Louise Mareschal, leur frère et sœurs absants de ce pays, tous héritiers de ladite deffuncte Anne Mareschal, des meubles et effects de ladite succession, pour par ledit Jehan Mareschal leur donner à chascun d'eux lorsqu'ils seront de retour au pays ; et au cas qu'il y en eust quelqu'un desdits absans quy vinssent à mourir, en ce cas sera tenu ledit Jehan Mareschal leur rendre à ses aultres frères et sœurs à chascun ce qu'il leur en reviendra à la première sommation qu'ils luy en feront... ».

Cette date de 1685 qui nous reporte à la révocation de l'Édit de Nantes, préparée par les faits avant d'être consommée par l'Édit du 22 octobre, cette *absence* de plusieurs membres de la famille Maréchal, mentionnée en termes très brefs, conduisent à un rapprochement que chacun peut faire. Quelque vieux levain huguenot aurait-il fermenté dans

la descendance de Quentin Maréchal et aurait-il amené une
expatriation pour cause de religion? Il est permis de le
supposer.

Les dernières années de Jean Maréchal ne furent pas
heureuses. Ses affaires paraissent avoir périclité, et il fut
en procès avec son fils Pierre, qui devait être son successeur. La cause de cette discorde intestine venait sans doute
d'un second mariage qu'il avait contracté dans sa vieillesse.
Il avait perdu sa femme, Élisabeth Boutet, le 29 janvier
1715, et cinq mois après, le 1ᵉʳ juillet, il se remariait avec
Marie Girault, veuve du sieur Bancheteau. On ne peut en
vérité témoigner plus d'empressement.

Dans le même temps, le receveur de Mᵍʳ le prince de
Talmond, alors propriétaire du duché de Châtellerault, faisait une opposition « entre les mains de Chrestien, huissier
qui a exécuté les meubles dudit Mareschal à la requête de
la dame veuve Cot, marchande libraire de Paris ». Cette
opposition était faite pour garantir le paiement d'une
somme de 50 livres 10 sous due pour plusieurs termes de
fermages d'un jardin, sis au lieu dit le Bâtardeau (1).

Quant au procès « mû » entre Jean Maréchal et son fils
Pierre, il fut « assoupi » par une transaction signée par les
parties pardevant Moutard, notaire à Châtellerault, le 28
avril 1716 (2). Voici une analyse de cet acte, débarrassée
de ses formules touffues et de détails trop prolixes :

L'obligation de 600 francs souscrite par Jean-Baptiste
Maréchal, imprimeur et libraire, au profit de son fils Pierre
aussi imprimeur et libraire, sortira son plein et entier
effet, à l'égard de ladite somme seulement ;

---

(1) Archives de la Vienne, Cˢ, 9.
(2) Etude de Mᶜ Lasserré, notaire à Châtellerault.

Le contrat consenti au profit de défunt Hilaire Maréchal par Jean-Baptiste Maréchal et Élisabeth Boutet, ses père et mère, ensemble la contre-lettre dudit contrat donnée par ledit Hilaire à son père seront rendus par Pierre à son père et demeureront nuls et sans effet envers lui ;

L'acte fait en double entre Jean-Baptiste et Pierre Maréchal depuis l'obligation ci-dessus mentionnée sortira aussi son effet, à savoir que Pierre travaillera à l'imprimerie les jours ouvrables et aura la moitié du profit des impressions et pendant ces jours de travail il sera nourri à la table de son père et il promet de s'acquitter de son devoir envers lui, de lui obéir en toutes choses dues et raisonnables et de lui être fidèle ;

Jean-Baptiste fera les avances des fournitures de l'imprimerie. Pierre ne pourra tenir boutique, vendre ni débiter aucuns livres en la ville de Châtellerault, et il ne pourra vendre ses ouvrages que hors ladite ville avec le consentement de son père ;

Il est aussi fait un accord au sujet des « caractères d'imprimerie adressés d'Orléans en cette ville à Pierre Denichèrc, mᵉ coutelier, et voiturés par Pierre Thireau, voiturier par eau dudit Orléans, en cette dite ville et retirez par ledit Mareschal père dudit Thireau », au sujet desquels caractères il y avait procès entre les parties, et Jean-Baptiste et Pierre Maréchal s'obligent à décharger ledit Thireau et à lui payer la somme de 50 livres.

Il paraît ressortir de cet acte si intéressant pour nous qu'auparavant Jean-Baptiste aurait fait une association avec son fils Hilaire (1), dont Pierre aurait pris la place après sa mort dans des conditions différentes. C'est à cette

(1) Né le 19 juillet 1678.

première association de Pierre avec son père que nous croyons devoir attribuer l'ouvrage suivant, le seul du reste sur lequel nous ayons vu figurer le nom de Jean-Baptiste :

*HISTOIRE DE LA VIE de Nostre Seigneur Jésus-Christ par M. le Tourneux. Nouvelle édition. Par Permission de Monseigneur l'Illustrissime et Révérendissime Evêque de Poitiers.* A Chastellerault, chez J.-B. et Pierre Maréchal, imprimeurs ordinaire (*sic*) du Roy, et de S. A. Monseigneur le duc de la Trémoüille, avec Permission. Sans date. — In-12 de 37 ff. non ch. pour le titre, la préface et les Approbations, et de 334 p. num.

(Coll. A. Labbé.)

Les *Approbations* qui sont datées de 1678 s'appliquent à l'ouvrage, mais nullement à l'édition donnée par les Maréchal. Ceux-ci s'intitulent *imprimeurs de Mgr le duc de la Trémouille;* or le duché de Châtellerault ne passa dans la maison de la Trémoille qu'après la mort de Mademoiselle de Montpensier et par suite du partage fait le 21 juin 1694 entre le duc d'Orléans et Charles, duc de la Trémoille, tous deux héritiers de la duchesse. Après la mort de celui-ci, son fils Charles-Bretagne de la Trémoillle vendit le duché à M. d'Albergoty le 7 juillet 1714, et ce fut Frédéric-Guillaume de la Trémoille, prince de Talmont, qui en fit le retrait le 14 août suivant. Comme il était toujours désigné sous son titre princier, les Maréchal se seraient donc qualifiés d'*imprimeurs du prince de Talmont*, si leur ouvrage avait suivi la transaction de 1716 établissant entre eux une nouvelle société.

Nous avons encore trouvé dans les minutes du notaire Moutard un acte du 5 juin 1716, par lequel Jean-Baptiste Maréchal, imprimeur et libraire, Pierre Maréchal l'aîné, tailleur d'habits, et Pierre Maréchal le jeune, aussi imprimeur et libraire, vendent à Charles Guestier, maître chirurgien à Châtellerault, une « rèze » de vigne contenant environ une boisselée, un fondis de maison et un petit jardin contenant environ un quart de boisselée, en la paroisse de Thuré, « moyennant la somme de quarante livres que l'acquéreur paiera en l'acquit des vendeurs à M° Mathieu Vallet, procureur en l'élection de Châtellerault ». Conséquence probable du procès désastreux dont nous venons de parler.

Nous ne pouvons déterminer à quelle date notre Jean ou Jean-Baptiste Maréchal sortit de ce monde, mais il vivait encore en 1718. Une pièce conçue en termes assez peu clairs, qui est une quittance du 10 février de cette année, tendrait à faire croire qu'il joignait à son industrie principale l'emploi d'organiste du couvent des Cordeliers (1). Le 30 mai, il signe encore au mariage de son fils Pierre, et puis le silence se fait sur son nom.

### Pierre Maréchal et sa veuve.

Devenu seul maître de l'imprimerie, Pierre Maréchal donna une seconde édition de l'ouvrage précédent, qui avait eu apparemment un écoulement assez rapide.

*HISTOIRE DE LA VIE de Nostre Seigneur Jésus-Christ, par M. le Tourneux, seconde édition. Par permission de Monseigneur l'Illustrissime et Révérendissime Evêque de Poitiers.* A Chastellerault, chez Pierre Mareschal, imprimeur du Roy et de Monsieur le Lieutenant général, sans date. — In-12 de 274 p. num. (sans ff. prélim.).

(Coll. A. Labbé.)

Cette édition contient, comme celle qui lui est antérieure, les Approba-

(1) Arch. de la Vienne, H, *Couvents d'hommes*, liasse 36.

tions de 1678. — Sur l'une des gardes de l'exemplaire de M. A. Labbé, on lit cet ex-libris qui limite la date de l'impression : « Ce livre apartien à Jeanne Pilagreau, elle prie ceux ou celles qui le trouveront de lui rendre. A Richelieu, ce 12 février mil sept sant vingt huit ».

La pièce suivante doit être sortie du même atelier, bien qu'elle ne porte ni date ni nom d'imprimeur :

*DIPNOSOPHIE, ou Souppé de la sage compagnie sabatine de Châtellerault. Extrait des Registres de ladite Compagnie* (22 juin 1720). S. l. n. d. — In-4⁰ de 20 p.

(Coll. A. Labbé.)
Pièce macaronique qui donne les statuts d'une société de dîneurs.

Pierre Maréchal avait épousé, le 30 mai 1718, Jeanne Denichère, fille de Pierre Denichère, maître coutelier, et de Jeanne Contensin ; il en eut six enfants. Le 30 mai 1727, il mourait et était inhumé dans l'église Saint-Jacques (1).

Restée veuve à 30 ans, Jeanne Denichère continua les affaires de son mari. Elle imprima peu d'ouvrages, mais il est à croire que les impressions courantes, affiches, mémoires, exploits, etc., ainsi que le commerce de la librairie, lui donnaient d'honnêtes bénéfices.

Nous n'avons que deux pièces à citer d'elle :

*NOUVELLE DESCRIPTION des Fontaines minérales de la Rocheposay en Tourainne, avec un receüil de quelques observations sur l'effet de ces eaux. Par C. Martin, docteur en médecine de la falculté (*sic*) de mont Pellier. Première édition.* A Châtellerault, chez la veuve Pierre Maréchal, imprimeur du Roy et de la ville, avec Permission, 1737. — In-16 de 36 p.

(Coll. Alf. Richard.)
Jouyneau-Desloges a réimprimé ce petit livret dans ses *Affiches de Poitou*, année 1777, nos 38 à 43 ; dans le no 37, il dit que C. Martin vivait encore à Châtellerault dont il était originaire. Une nouvelle édition a été donnée à Angers par Mame en 1788, in-8⁰ de 16 p.

---

(1) Nous ne pouvons dire l'âge de Pierre, parce que Jean Maréchal et Elisabeth Boutet ont eu deux enfants de ce même prénom, l'un qui fut tailleur d'habits et l'autre qui fut notre imprimeur. Nous n'avons retrouvé que l'acte de baptême de l'un des deux, qui est du 9 décembre 1675.

L'auteur dit que ce fut le médecin Milon qui, en 1615, remit en usage les eaux de la Roche-Posay alors tombées dans l'oubli. Voici le titre de l'opuscule de Milon : « Description des fontaines médicinales de la Roche-Pozay, en Touraine, recogneues et mises en leur ancienne vertu par M. Milon, premier médecin du Roy, au commencement du mois d'août 1615, ensemble le jugement que ledit sieur Milon a fait de la qualité des maladies auxquelles lesdites eaux sont propres », Paris, Fleury Bourriquant, 1617, in-8° de 14 p. Un extrait auquel on a ajouté quelques observations a été réimprimé à Paris, Rebuffé, (1661,) in-8° de 7 p.

Ce n'était cependant pas la première publication qui traitait des eaux de la Roche-Posay, et dès le XVIe siècle nous avons vu : « Description de la fontaine trouvee à la Roche de Pouzay, pres Chastelleraud, ceste annee 1573 : la force, vertu et propriété des grands et admirables guarisons et cures advenus, et qui adviennent par icelle », Paris, par Nicolas Bonfons, 1573, in-8° de 8 ff. non ch. avec une jolie vignette gravée sur bois qui représente Jésus au puits de la Samaritaine.

On nous pardonnera cette petite digression bibliographique en considé-ration de l'intérêt tout local du sujet, et pour épuiser la question jusqu'à la fin du XVIIIe siècle, nous signalerons encore dans les *Affiches du Poitou* du 1er avril 1773 une lettre sur les eaux de la Roche-Posay, écrite par M. Fredinière, chirurgien, qui résidait dans cette localité, et dans la *Nature considérée sous ses différents aspects*, 1774, t. V, p. 323, un article-réclame sur les mêmes eaux, qui en contient un éloge excessif.

Le deuxième ouvrage sorti de l'officine de la veuve Ma-réchal est celui-ci :

*NOUVEAU TRAITÉ de la civilité qui se pratique en France parmi les honnêtes gens, pour l'éducation de la jeu-nesse. Avec une Méthode facile pour apprendre à bien lire, prononcer les mots et les écrire. Les beaux Quatrains du sage Monsieur de Pybrac, et l'Arrithmétique en sa perféc-tion.* A Chastellerault, chez la veuve Mareschal, imprimeur du Roy et de la Ville, s. d. — In-8° de 48 p.

(Coll. A. Labbé.)

Imprimé en caractères dits *de civilité.*

L'arrêt du Conseil, du 31 mars 1739, comprit Châtelle-rault parmi les villes où l'imprimerie devait être supprimée, mais il ne dut pas être exécuté bien sévèrement et laissa les choses dans le *statu quo* si l'on s'en rapporte à cette affiche :

*D. O. M. D. Polyeucten martyrem tragediam exhibebunt
selecti litterarum alumni, in area Collegii Eraldicastrencis.
Die 27 mensis Augusti, anno Domini 1742, si sudum erit,
horâ sesqui-primâ pomeridianâ. Actores...* Eraldicastri,
apud viduam Petri Marechal, Regis, Urbis et Collegii typo-
graphi. — Placard in-fol.

(Coll. A. Labbé.)

Jeanne Denichère, veuve de Pierre Maréchal, vécut encore
de longues années. Son acte de décès, qui est du 22 septembre 1777, dit qu'elle était âgée d'environ 80 ans ; mais
elle s'était retirée depuis longtemps des affaires, abandon-
nant la direction de sa maison à son gendre et à sa fille qui
suivent.

### Luc Guimbert et sa veuve.

Jeanne-Jacquette (dite aussi Jacquelette) Maréchal, née
le 4 mai 1721 de Pierre et de Jeanne Denichère, épousa, le
21 septembre 1744, Luc Guimbert, fils majeur du sieur
Jean Guimbert, huissier de la Maison de ville de Poitiers,
et de Marie-Anne Texier, de la paroisse de Saint-Hilaire-
de-la-Celle de Poitiers. Nous avons relevé sur les registres
de l'état civil les baptêmes de douze enfants issus de ce
mariage. On voit que les vertus prolifiques de la famille
Maréchal s'affirmaient brillamment à chaque génération.
Dans ces actes Luc Guimbert est qualifié tantôt libraire et
tantôt imprimeur, ce qui nous prouve qu'il exerçait les deux
professions à la fois.

Un nouvel arrêt du Conseil, du 12 mai 1759, vint encore
ordonner l'exécution jusque-là différée des arrêts précédents.
Il fixait le nombre des imprimeurs de la Généralité de Poitiers,
supprimait entre autres l'imprimerie établie à Châtellerault,

et néanmoins permettait, par grâce et sans tirer à conséquence, à Luc Guimbert et à sa femme de continuer à la
tenir, leur vie durant, à la condition d'être reçus en la forme
prescrite par les règlements.

Les époux Guimbert se mirent en mesure de profiter de
la tolérance qui leur était octroyée. Ils ne tardèrent pas à
présenter une requête au lieutenant de police de la ville
de Châtellerault, et le 4 juillet 1759 (1), sur l'avis conforme
du procureur du roi, Luc Guimbert était « reçu en l'état et
fonction de libraire et imprimeur en cette ville, aux émo-
luments ordinaires, à la charge de prêter serment, de se
conformer aux règlements au fait de librairie et imprimerie
et d'imprimer gratis les ordonnances et jugements au cas
requis qui seront rendus tant à la police qu'au siège de
cette ville ».

Luc Guimbert mourut le 17 décembre 1763 et fut enterré
le lendemain dans l'église Saint-Jacques ; il était âgé de
45 ans. Croirait-on que pendant les dix-neuf ans de son
exercice nous n'ayons pas trouvé une seule pièce à son
nom ? Nos recherches, aidées de celles de M. Labbé, nous
ont fait découvrir à grand'peine, dans la collection de celui-
ci, une unique pièce qui peut lui être attribuée, quoiqu'elle
ne porte ni nom de ville ni nom d'imprimeur ; c'est un
placard contenant le programme d'exercices publics (*Ten-
tamen exercitationum*) à célébrer au collège de Châtellerault,
le 26 juin 1756.

Après la mort de son mari, la veuve Guimbert resta, au
moins de nom, à la tête de la maison, et c'est, pour ainsi
dire, au lendemain de son entrée en fonctions, en 1764,
que le rapport de M. de Sartine expose l'état de son com-

(1) Arch. municip. de Châtellerault, Reg. XLII.

merce. Comme libraire, dit ce document, la veuve Guimbert ne débite que des livres de piété et des livres classiques qui se tirent de Paris et de Limoges. La librairie dans cette ville est un objet fort modique, et la veuve qui la tient y gagne médiocrement sa vie. Comme imprimeur, elle n'a qu'une seule presse, et ses caractères consistent en petit-canon, gros romain et cicéro avec les italiques. On imprime des Alphabets, des Demi-Heures, des Journées chrétiennes et autres livres de piété, des livres classiques, etc... L'imprimerie est exercée par le fils de la veuve (1), qui tient aussi la boutique. Et le rappport conclut que, « quoique la librairie et l'imprimerie ne soient point un objet considérable dans cette ville, cependant un imprimeur y est très nécessaire, mais on devrait enjoindre aux officiers de police de visiter régulièrement l'une et l'autre ».

Un État général des imprimeurs du royaume en 1777 (2) dit encore que la veuve Guimbert fait peu d'impressions, ne vend que de bons livres, jouit d'une bonne réputation, a cinq enfants, et il rappelle que l'imprimerie doit être supprimée à son décès.

Deux ans après, ce décès se produisait et, le 10 octobre 1779, Jeanne-Jacquette Maréchal, veuve de Luc Guimbert, était inhumée dans le grand cimetière de la paroisse Saint-Jacques. Avec elle le nom de Maréchal s'éteignait dans l'imprimerie Châtelleraudaise.

Sans avoir eu une fécondité extraordinaire, sa gestion compte cependant un certain nombre d'impressions dues à la collaboration de son fils qui, d'après le rapport de M. de

---

(1) Pierre-Jean-Baptiste Guimbert, dont l'article suit.
(2) Bibl. nat., Manusc., f. fr., n° 21832, Reg.

Sartine, dirigeait de fait, sinon en titre, l'établissement maternel.

*PLAN D'ÉTUDE pour le collège de Châtellerault, par M. Serreau, prêtre et principal.* A Châtellerault, veuve Guimbert, 1767. — In-4° de 8 p.

(Notes de M. Pressac.)

*ACTE DE NOTORIÉTÉ de la sénéchaussée et siège royal de Châtellerault et pays Châtelleraudais en Poitou, du 31 mai 1770, rendu en vertu d'arrêts de nos Seigneurs du Parlement de Paris.* A Châtellerault, de l'imprimerie de la veuve Guimbert, 1770. — In-4° de 3 p.

(Archives de la Vienne.)
Sur le droit de représentation des frères consanguins ou utérins en matière de succession, d'après la Coutume de Poitou.

*RECUEIL des plus beaux Noëls vieux et nouveaux, choisis entre tous ceux qui ont paru jusqu'à présent ; exactement revus et corrigés, avec une Table.* A Châtellerault, chez la veuve Luc Guimbert, imprimeur du Roi et de la Ville, 1770, avec Permission. — In-12 de 144 p.

(Coll. Alf. Richard. — Coll. A. Labbé.)

*ALMANACH de Châtellerault pour l'an de grâce mil sept cent soixante onze. Contenant le lever et coucher du Soleil pour le 46 degré 35 minutes de latitude, et les phases de la Lune. Avec l'État ecclésiastique de Châtellerault, les paroisses de son Élection, les noms et demeures de MM. les officiers des Juridictions et de la Maison de ville depuis la dernière création. Imprimé pour cette Élection.* A Châtellerault, chez la veuve Luc Guimbert, imprimeur du Roi et de la Ville, avec Permission de Messieurs les Officiers de police. — In-24 de 98 p.

(Coll. A. Labbé.)
N'est pas le premier de la série, car à la fin il donne le mot d'une énigme proposée l'année précédente.

*REQUÊTE adressée au Roi par les juges et consuls des Marchands de la ville de Châtellerault en Poitou, tant en*

*place actuellement que ci-devant, au sujet de la Déclaration
de Sa Majesté du 7 avril 1759, qui restreint le ressort des
juridictions consulaires à l'étendue des sénéchaussées ou
bailliages de leurs situations ou positions, ce 10 décembre
1770.* A Châtellerault, de l'imprimerie de la veuve Luc Guimbert, imprimeur du Roi et de la Ville, 1771. — In-4° de 10 p.

(Coll. Georges Pagé.)

*REQUÊTE à Monsieur le lieutenant général criminel de
la sénéchaussée et siège royal de Châtellerault, par Joseph
Roisnard, marchand accusé, Contre M. le Procureur du
Roi du même siège, demandeur et accusateur.* Châtellerault,
chez la veuve Guimbert, 1772. — In-4° de 40 p.

(Coll. A. Labbé.)

*AU ROI et à Nos Seigneurs de son Conseil.* A Châtellerault, chez la veuve Guimbert, 1772. — In-4° de 128 p.

(Bibl. de Poitiers.)
Mémoire présenté par le marquis de Pérusse d'Escars, qui avait acquis,
le 16 décembre 1770, le duché de Châtellerault et s'en voyait contester la
perception des revenus par les agents du fisc.

*ARREST du Conseil d'état du Roi, qui maintient les privilèges des provinces de Poitou, Auvergne, Limousin,
Haute-Marche et autres provinces rédimées des Gabelles, et
en conséquence révoque l'arrêt du Conseil du 3 octobre
1773, et tout ce qui s'en est suivi* (14 octobre 1774). *Auquel
on a joint le notable contrat de 1553 et la Déclaration du
Roi, du 26 octobre 1617. Le tout imprimé par ordre de
MM. les Magistrats municipaux de cette ville.* A Châtellerault, de l'imprimerie de la veuve Guimbert, imprimeur
du Roi, 1774. — In-4° de 28 p.

(Bibl. de Poitiers. — Coll. Alf. Richard.)
Ce fut dans sa séance du 25 novembre 1774 que la municipalité ordonna
cette impression et le dépôt d'un exemplaire dans ses archives « comme
un monument précieux de la vigilance du corps de ville pour la conservation des privilèges du pays ». (*Livre de raison d'une famille Châtelleraudaise,* par Ernest Godard, t. II, p. 214.)

*ÉLOGE HISTORIQUE de Michel de L'Hôpital, par un vieux avocat retiré du service.* Edimbourg, 1776. — In-8° de 193 p.

(Coll. Alf. Richard.)

Par M. Bourgeois, avocat à la Rochelle. Dans une note du catalogue manuscrit de sa bibliothèque, Jouyneau-Desloges dit que c'est lui qui fut chargé par l'auteur de faire imprimer cet ouvrage et qu'il le fit imprimer à Châtellerault. Nous ne savons pourquoi on a donné la fausse adresse d'Edimbourg. Peut-être y a-t-il dans l'ouvrage des hardiesses de langage et des allusions qui nous échappent aujourd'hui.

*ORDONNANCE de la sénéchaussée et siège royal de Châtellerault, concernant les inhumations précipitées. Du 14 février 1778.* A Châtellerault, chez la veuve L. Guimbert, 1778. — In-4° de 6 p.

(Archives municipales de Châtellerault.)

*JOURNÉE CHRÉTIENNE, contenant les prières qu'il faut faire le matin et le soir, et autres prières pendant la journée. Pour l'usage des petites écoles religieuses de la Congrégation de Notre-Dame de Châtellerault.* A Châtellerault, chez la V. Guimbert, imprimeur du Roi, avec Permission et Approbation de M<sup>gr</sup> l'Évêque, s. d. — In-16 de 48 p.

(Coll. A. Labbé.)

## Pierre-Jean-Baptiste Guimbert.

Pierre-Jean-Baptiste Guimbert naquit le 28 juin 1745; il était donc dans sa 19e année quand son père, Luc, descendit dans la tombe, et nous venons de voir que le commerce de sa mère ne périclita pas entre ses mains. C'est une personnalité qui ne manque pas de relief, ce Guimbert que les circonstances placèrent dès son extrême jeunesse à la tête d'une imprimerie, et dont le rôle s'accentua fortement par la suite. Il avait de l'intelligence, de l'activité, de l'audace, il était habile ouvrier, il produisit beaucoup, et ses impressions sont généralement bonnes et faites avec goût.

Guimbert embrassa chaudement la cause de la Révolution et il la soutint avec le secours de ses presses. Il fut même un ardent jacobin, si on en juge par ce que dit de lui l'auteur anonyme du *Tableau des égorgeurs de la commune de Châtelleraud,* page 2. Il fit partie de la Société des Amis de la Constitution, et son nom est inscrit dans la liste jointe au procès-verbal de la séance du 24 germinal an II, où fut faite la troisième épuration de la Société. Malgré les gages qu'il avait donnés à son parti, son civisme ne parut pourtant pas assez pur, et dans les registres des procès-verbaux de la Société son nom figure parmi les membres suspendus avec entrée dans la barre, lors de l'épuration du 25 messidor an II. Le motif de cette suspension n'est pas indiqué (1).

Mais revenons à sa carrière typographique.

La mort de sa mère entraînait l'extinction de son imprimerie, et la tolérance dont elle avait joui cessait avec elle. Guimbert fit alors une demande pour être autorisé à conserver une place d'imprimeur à Châtellerault ; elle fut rejetée par un arrêt du Conseil, du 1er décembre 1779. Il la renouvela bientôt avec l'appui de Mgr Christophe de Beaumont, archevêque de Paris, qu'il avait su intéresser à sa cause ; elle n'eut pas plus de succès, et la première décision fut confirmée par un arrêt définitif du 8 février 1780 (2).

Guimbert n'abandonna pas pour cela la partie et il mon-

(1) Communication de M. A. Labbé.
(2) Bibl. nat., Manusc., f. fr., n° 21870.

ta une imprimerie clandestine à Cenon, petit bourg situé à une lieue de Châtellerault. Il revêtit ses produits des adresses les plus diverses, et le libraire Bobin, de Poitiers, avec lequel il était associé, l'aidait à les écouler. On comprend qu'il nous est difficile de relever avec une certitude absolue toutes ces impressions ; certains témoignages nous permettent cependant de signaler les suivantes (1) :

*AMUSEMENTS littéraires, ou mélanges de pièces fugitives, par Bourignon.* Londres, 1779. — In-8°.

Si cette date de 1779 est exacte, l'ouvrage devait être en cours d'exécution au moment du décès de la veuve Guimbert.

*ERRATA de l'Abrégé de l'Histoire du Poitou, ou Lettres à M. Thibaudeau, suivies d'un petit Commentaire. Première partie.* En France, 1783, avec permission.— In-12 de 2 ff. et 153 p.

Cette Première partie de l'ouvrage d'Allard de la Resnière paraît avoir été seule imprimée par Guimbert ; il a employé à la page 1 une vignette

d'en-tête dont il s'est aussi servi en l'an VIII pour imprimer *Les quatre saisons*, de J. Chauveau. La 3e partie, parue en 1786, porte du reste, après l'Avertissement, cette adresse : « A Angers, de l'imprimerie de Pavie. »

*ANALYSE d'une nouvelle physique intitulée : La Raison guidée par les sens.* Sans nom de ville ni d'imp., 1784. — In-8° de 64 p.

Par dom Chardé, religieux bénédictin de l'abbaye de Saint-Maixent. Il y a eu une 2e édition imprimée à Poitiers par M.-V. Chevrier, en 1785.

(1) Les impressions Châtelleraudaises n'ayant plus maintenant la même rareté que précédemment, nous n'indiquerons pas leur provenance.

*MAGASIN DES ENFANTS*, *ou dialogues entre une sage gouvernante et ses élèves, par madame Leprince de Beaumont.* La Haye, 1786. — 4 vol. in-12.

*MISOGUG, ou les Femmes comme elles sont, histoire orientale, traduite du chaldéen.* (Composé par Michel Cubières de Palmezeaux.) A Paris, chez Poinçot, libraire, rue de la Harpe. A Châtellerault, chez P. J. B. Guimbert, libraire, sur le Pont, 1787. — 2 parties in-12.

Guimbert n'est nommé sur le titre de cet ouvrage que comme libraire; nous ne serions pas surpris qu'il en ait été aussi l'imprimeur.

*WATHEK, conte arabe.* (Par W. Beckford, traduit par Louis-Sébastien Mercier.) A Paris, chez Poinçot, libraire, rue de la Harpe. A Châtellerault, chez P. J. B. Guimbert, libraire, sur le Pont, 1787. — In-8° de 190 p. .

Même observation.

*DISSERTATION sur l'endroit appelé Vieux-Poitiers, à cinq lieues de Poitiers, et deux de Châtellerault, au confluent de la Vienne et du Clain, dans laquelle on prouve que ce lieu a été autrefois la mansion désignée sous le nom de* Fines *entre Poitiers et Argenton... par Bourignon.* A Cenon, et se trouve à Poitiers, chez M V. Chevrier, 1786. — In-8° de 50 p.

*LES VŒUX, histoire véritable tirée d'un monument intitulé Mémoires de C. E. M. D. F. M.* (Charles-Elie, marquis de Ferrières-Marçay.) A Amsterdam, 1787. — In-12 de 2 ff. et 200 p.

*LA FEMME dans l'ordre social et dans l'ordre de la nature, ouvrage philosophique et moral.* (Par le même.) Londres, 1787. — In-12.

*LETTRE à Monsieur \*\*\* sur le Prospectus d'un nouvel ouvrage annoncé sous le titre de Parallèle des religions.* (A Poitiers, ce 11 août 1787.) S. l. n. d. — In-12 de 60 p., plus 3 p. sans nos pour la Table.

*LETTRE de quelques ecclésiastiques du diocèse de Poi-*

*liers à MM. les Vicaires généraux de ce diocèse, qui ont
interdit pendant l'absence de M. l'Évêque, le 3 juillet 1787,
M. Al. B... prêtre et bachelier de la faculté de théologie de
l'Université de cette ville, à cause de la thèse qu'il a soutenue le 10 du même mois.* (A Poitiers, ce 28 février 1788.)
Sans nom de ville ni d'imp. — In-12 de 207 p., plus 9 p. sans
n°ˢ pour la Table.

Tout allait bien jusqu'à ce moment ; l'autorité ignorait ou
fermait les yeux. Mais cette dernière publication attira la
foudre sur la tête de l'imprimeur. La *Lettre de quelques
ecclésiastiques* (1) défendait la doctrine janséniste, comme
la thèse de M. Al. B..., lisez Alexandre Briquet (2), con-
damnée par les vicaires généraux de Poitiers. Or les que-
relles du jansénisme n'étaient pas encore complètement
éteintes, et il est probable qu'une plainte fut portée en haut
lieu contre l'imprimeur coupable d'avoir mis sa presse au
service de ce parti, car on s'aperçut alors qu'il faisait un
commerce répréhensible et contraire aux Règlements.

Le 1ᵉʳ juillet 1788, un arrêt du Conseil d'État l'interdit
des fonctions de sa profession (3), et le 11 du même mois,
M. Hérault, subdélégué de Châtellerault, en vertu des
ordres qui lui avaient été transmis par l'Intendant, se transporta au domicile de Guimbert et saisit tous les livres qu'il
trouva dans sa boutique.

En rendant compte de sa mission à l'Intendant, M. Boula
de Nanteuil, il ajoutait : « Ce malheureux que cet arrêt
met sans ressources est au désespoir et demande à être autorisé à se justifier ; si ce qu'il dit est vrai, il est bien malheu-

(1) Elle était sortie de la plume de l'abbé Beaupré, chanoine de la cathédrale de Poitiers.
(2) C'est celui qui allait devenir vicaire épiscopal après la Constitution civile
du clergé et dont nous avons parlé au chapitre de Loudun.
(3) Bibl. nat., Manusc., f. fr., n° 22129, Coll. Anisson-Duperron, vol. 69. —
Cet arrêt a été imprimé.

reux ». L'Intendant, en informant le garde des sceaux de l'exécution de ses ordres, s'exprimait dans le même sens, et bientôt un arrêt du 31 octobre relevait Guimbert de l'interdiction prononcée contre lui. Dès le 25 septembre même, une lettre de M. Barentin faisait savoir à M. Boula de Nanteuil qu'il avait signé cet arrêt et l'invitait à donner les ordres nécessaires pour que Guimbert pût reprendre toutes les fonctions de son état, sans attendre les formalités qui restaient encore à accomplir (1).

Guimbert reprit aussitôt son commerce de libraire et ses relations avec son confrère Bobin, de Poitiers (2). Il imprima aussi désormais en toute liberté, se nomma ouvertement sur les produits de ses presses, et nous ne le voyons qu'une fois, en 1790, se dissimuler sous la fausse adresse de Rome pour un libelle qui pouvait encore lui attirer des désagréments.

Les temps allaient changer d'ailleurs, et la tempête devait bientôt faire table rase des règlements sur l'imprimerie comme de tout l'édifice de l'ancien régime. Avec la Révolution l'atelier de Guimbert prit une activité considérable et devint presque exclusivement politique; il en sortit une quantité de pièces, les unes concernant la vie locale, les autres d'un ordre plus général, telles que lois, décrets, arrêtés, affiches, que les imprimeries de Paris et des grandes villes ne suffisaient pas à répandre dans le pays. Nous n'indiquerons que les premières, pour ne pas surcharger notre liste sans utilité.

Dans ses impressions, Guimbert a fait usage d'un certain nombre de vignettes révolutionnaires qu'il est intéressant

(1) Arch. de la Vienne, C. 64.
(2) Voir un avis inséré par eux dans les *Affiches du Poitou*, du 4 décembre 1788.

LIBERTÉ

CHUTE DU DESPOTISME

SOCIÉTÉ DES AMIS DE LA CONS · DE CHATELLERAULT

VIVRE LIBRE OU MOURIR

RÉPUBLIQUE FRANÇAISE.

RÉPUBLIQUE FRANÇAISE.

de consulter. La plupart sont conservées en gravures dans l'imprimerie de M. Bichon qui les a mises gracieusement à notre disposition ; les autres figurent sur des pièces de la collection de M. A. Labbé que nous avons fait photographier. Une petite observation à faire ici est relative à l'orthographe du nom de Châtellerault que Guimbert écrivit presque toujours sous sa forme ancienne de *Châtelleraud*.

*PROCÈS-VERBAL de l'Assemblée des Trois Ordres de la Sénéchaussée de Châtelleraud, avec le cahier et le procès-verbal particulier du tiers-état de cette sénéchaussée, pour les États-Généraux de l'année 1789.* A Châtelleraud, chez Pierre-Jean-Baptiste Guimbert, 1789. — In-4° de 61 p.

*LA FRANCE régénérée et les traîtres punis.* (Chansons.) S. l. n. d. — In-8° de 8 p.

On lit à la fin : « Permis d'imprimer et distribuer à Châtelleraud, ce 8 août 1789, Michau, lieut. »

*PROJET de bienfaisance publique, par M. Ingrand, suppléant.* A Châtelleraud, chez Pierre-Jean-Baptiste Guimbert, imprimeur du Comité, 1789. — In-8° de 64 p.

*MANIFESTE en réponse à l'exposé de la conduite de M. de Vendel, lieutenant colonel de la milice nationale de Champigny-sur-Veude* (et autres) *dans l'attentat formel à ma vie, le 10 juin 1790.* (Par le chanoine Lesuire, de Champigny.) Châtelleraud, 1790. — In-4° de 87 p., plus un post-scriptum et un errata.

*DESCRIPTION topographique du district de Châtelleraud... par M. Creuzé-Latouche,...* A Châtelleraud, de l'imprimerie de P. J. B. Guimbert, 1790. — In-8° de XVII-119 p. et une carte.

*RÉFLEXIONS sur l'unité du culte public et la nécessité d'une religion dominante en France, par M. l'abbé Vinson, vicaire.* De l'imprimerie de Pierre-Jean-Baptiste Guimbert, imprimeur de la Municipalité, 1790. — In-8° de 29 p.

*LES ERREURS religieuses et politiques enfin dévoi-
lées, ou le Poète sans préjugés, par un Eccl....du Poitou...*
Rome, de l'imprimerie du Pape, l'an de la Liberté, 1790. —
In-8°.

*A MESSIEURS LES ÉLECTEURS du département
de la Vienne, par M. Béra, avocat à Poitiers.* A Châtelleraud, chez Pierre-Jean-Baptiste Guimbert, imprimeur de la
Municipalité, 1790. — In-8° de 8 p.

*ADRESSE de la Société des Amis de la Constitution
de Poitiers à l'Assemblée nationale.* (Page 4 :) *Adresse de
la Société des Amis de la Constitution de Poitiers à la
Société des Amis de la Constitution de Paris.* Ibid., id.,
1790. — In-8° de 8 p.

*A MES AMIS, à mes ennemis, et à M. Laurendeau,
avocat à Poitiers.* (Signé : Béra.) A Châtelleraud, chez P. J. B.
Guimbert, imprimeur de la Municipalité et du District, 1790.—
In-8° de 32 p.

Il y eut une « Réponse de M. Laurendeau à la Catilinaire de M Béra », 
Poitiers, Chevrier, 1790, in-8' de 22 p., qui fut suivie de :

*LE REVENANT, ou Réplique du sieur Béra au der-
nier libelle du sieur Laurendeau.* A Châtelleraud, chez
P. J. B. Guimbert, imprimeur-libraire, s. d. (1791). — In-8° de
33 p.

*MÉLANGES et observations d'un Electeur de 1790 sur
les élections à faire par les Electeurs de 1791.* A Châtelleraud, de l'imprimerie de P. J. B. Guimbert, 1791. — In-8° de
51 p.

Par Ingrand qui s'acquit plus tard une si triste célébrité.

*MA PROFESSION de foi, ou lettre de M. Lambertie,
vicaire de Saint-Michel* [de Limoges], *à MM. les Vicaires
de la même paroisse, sur le serment civique du Clergé.* A
Châtelleraud, chez P. J. B. Guimbert, imprimeur-libraire, s. d.
(1791). — In-8° de 20 p.

*OBSERVATIONS sur deux brefs du pape, en date du
10 mars et du 13 avril 1791, par M. Camus, ancien homme*

*de loi, membre de l'Athénée nationale.* A Châtelleraud, de l'imprimerie de P. J. B. Guimbert, 1791. — In-8° de 48 p.

*DISCOURS du curé de…. sur la Constitution civile du clergé.* Ibid., id., 1791. — In-8° de 8 p.

Par Norbert Pressac, curé de Saint-Gaudent.

*DISCOURS prononcé au club des Amis de la Constitution à Civray, département de la Vienne, par un curé* (M. Pressac).*membre de la même Société, le 8 juillet 1791.* Ibid., id., 1791. — In-8° de 64 p.

*DISCOURS prononcé à la Société des Amis de la Constitution de Poitiers, par M. Touchois, capitaine de la Garde nationale de l'Encloître.* Ibid., id., 1791. — In-8° de 15 p.

Pour demander que le chef-lieu de canton soit établi à Lencloître et non à Saint-Genest.

*LA LANTERNE magique patriotique, ou le Coup de grâce de l'aristocratie. Par M. Dorfeuille. Quatrième édition, avec des notes curieuses, augmentée du Discours de Guillaume Tell à la nation Française, et de l'Epître de Saint Augustin à la Comédie Italienne.* A Châtelleraud, chez P. J. B. Guimbert, imprimeur-libraire, s. d. (1791). — In-8° de 48 p. avec un dessin.

Ne pas confondre ce Dorfeuille, comédien chassé de la Comédie-Française, massacré à Lyon en 1795, avec le comte d'Orfeuille, de Saint-Maixent, qui dans le même temps publia quelques brochures.

*LETTRE de Jacques-Antoine Creuzé-Latouche, député de Châtelleraud, aux Municipalités et aux habitants des campagnes du département de la Vienne.* Paris (Châtelleraud, imprimerie de P. J. B. Guimbert), l'an III de la Liberté (1791). — In-8° de 60 p.

Sur la Constitution civile du clergé.

*LISTE de MM. les Electeurs du département de la Vienne, pour l'année 1792, l'an quatrième de la Liberté.* A Châtelleraud, de l'imprimerie de P. J. B. Guimbert, 1792. — In-4° de 15 p.

*LOI RELATIVE aux troubles excités dans le district*

*de Châtillon, et qui fixe à Bressuire l'administration de ce district. Du 4 septembre 1792, l'an quatrième de la Liberté.* Ibid., id., 1792. — In-4° de 4 p.

*MÉMOIRE pour le citoyen Michel Rabiet, ci-devant Directeur des mines du Limouzin, et la citoyenne Jeanne-Marie-Louise Audebert, son épouse, intimés et appelans. Contre le citoyen Charles Chambert, marchand, Marie Laurendeau, son épouse...* (et autres cohéritiers), *appelans du jugement du tribunal du district de Montmorillon, du premier frimaire dernier, et intimés.* Ibid., id., an II<sup>e</sup> de la République. — In-4° de 32 p.

*PROCÈS-VERBAUX des séances de la Société populaire de Châtelleraud.* (19 et 20 brumaire an II.) Ibid., id., 1793. — In-8° de 14 p.

*TABLEAU du Maximum des denrées et marchandises qui se consomment ordinairement dans l'étendue du district de Châtelleraud.* Ibid., id., an II<sup>e</sup> de la République. — In-4° de 2,2 p.

Signé par Jean Montaubin, agent national près le district de Châtelleraud. Le texte commence au v° du titre qui est compris dans la pagination.

Ce *Tableau du Maximum* a été aussi imprimé par Guimbert en 20 placards et quelques suppléments, in-fol. plano. Plusieurs de ces placards sont composés de deux feuilles collées en longueur. Sur l'un d'eux, qui consiste en une feuille simple et qui relate la séance du Conseil général du District tenue le 8 messidor an II, nous avons lu cette note manuscrite de l'imprimeur : « Du 12 messidor fourni deux cent exemplaire, 30 livres ». Ces quelques mots font connaître la rapidité du travail, le chiffre du tirage et le prix de revient. (Arch. de la Vienne, M 6, liasse 2.)

*HYMNE.* (« Être infini, que l'homme adore... » En tout 40 vers.) Ibid., id., l'an deuxième de la République française. — In-8° de 3 p.

*IDÉES et observations philosophiques et religieuses par Dantun et par un ci-devant prêtre et curé constitutionnel du district de Châtelleraud, 1793.* Ibid., id., 1793. — In-8°.

*RÈGLEMENT de la Société des hommes libres, établie*

*à Châtelleraud, chef-lieu du District du même nom, affiliée à la Société des Jacobins de Paris.* Ibid., id., l'an deuxième de la République française. — In-8° de 22 p.

*RÉPUBLIQUE FRANÇAISE, une et indivisible. Au nom de la loi. En exécution de l'article VIII du Décret du 29 septembre dernier, le Conseil général de la Commune de Châtelleraud a fixé le Maximum des salaires, gages, main-d'œuvre et journées de travail pour toute l'étendue de son ressort, savoir...* (15 brumaire an II.) Ibid., id., 1793. — In-4° de 11 p.

*DISCOURS prononcé décadi 30 brumaire, jour de la Fête de la Raison à Limoges, dans la salle des séances de la Société populaire, par le rédacteur de l'Adresse de Limoges.* Ibid., id., l'an deuxième de la République françoise. — In-8° de 16 p.

Signé : Foucaud, payeur général au département de la Haute-Vienne, membre de la Société populaire de Limoges.

*RÉFLEXIONS MORALES et Profession de foi d'un Curé démissionnaire du district de Châtelleraud, présentées à la Société populaire de la même ville.* (3 nivôse an II.) Ibid., id., l'an deuxième de la République française. — In-8° de 4 p.

*LIBERTÉ, Egalité, Fraternité. Au nom du Peuple françois. A Niort, le 23 messidor, l'an deuxième de la République Françoise, une et indivisible. Le Représentant du Peuple dans le département de l'Ouest et près l'Armée.* Ibid., id., an deuxième de la République. — Placard in-fol.

Arrêté, signé Ingrand, prescrivant la réquisition de toutes les personnes disponibles pour aider aux travaux de la moisson.

*ADRESSE de la Société populaire de Châtelleraud aux citoyens du District, présentée par J. J. Chaumière, membre des Comités d'Instruction et de Correspondance, au nom des mêmes Comités, à la séance du 28 thermidor.* (Signé : Hérault, président; Rochex et Thévenard, secrétaires.) Ibid., id., an II° de la République. — Placard in-fol. de deux feuilles collées ensemble et mesurant 0,78 c. de hauteur sur 0,43 c. de largeur.

L'auteur de cette adresse s'appelait Château, et dans la séance de la Société populaire du 20 brumaire an II, il avait demandé à changer de nom. Le procès-verbal de la séance relate ainsi le fait :

« Le secrétaire annonce qu'il s'appelle *Château*, que ce nom qu'il porte
« depuis si longtemps avec douleur et impatience lui rappelle des déno-
« minations féodales qui doivent être proscrites du nouveau régime : en
« conséquence il prie le Représentant du peuple de le baptiser de nou-
« veau.

« Le Représentant du peuple,chérissant la vertu indigente et l'honnête
« pauvreté, le nomme *Chaumière*. Cette opposition frappante excite de
« vifs applaudissements. »

*LIBERTÉ, Egalité. Fraternité Au nom du peuple français. Les Représentans du peuple près l'armée de l'Ouest arrêtent ce qui suit...* Ibid., id., an IIIe de la République. — In-4° de 15 p.

Arrêté du 12 brumaire an III relatif aux réquisitions des grains et fourrages pour l'armée de l'Ouest, suivi d'un autre arrêté conforme du Conseil général du district de Châtellerault, rendu le 24 brumaire suivant.

*LIÈGE-DIRAY à ses concitoyens, en réponse au pamphlet intitulé Le Spectateur françois...* Ibid., id., an IIIe de la République. — In-8° de 10 p.

*OBSERVATIONS sur l'éducation nationale convenable à la République Française. Par le citoyen Philippe Bernardy, de la commune d'Oyré, district de Châtelleraud.* Ibid., id., l'an troisième de la République française. — In-8° de 15 p.

*MÉMOIRE justificatif du citoyen Mignen fils, dit Planier, ex-président du Tribunal criminel du département de la Vienne, ou Appel à la Convention nationale, à ses Comités de Sûreté générale, de Salut public, aux Autorités constituées du département de la Vienne et à tous ses Concitoyens.* Ibid., id., fructidor, an IIIe de la République.—In-4° de 52 p.

*AUX RÉPUBLICAINS du département de la Vienne.* Ibid., id., s. d. (an VI). — In-4° de 12 p.

Signé : Bernazais-Maurice. Poitiers, 27 pluviôse an six de la République Française, une et indivisible.

*AUX HOMMES LIBRES.* Ibid., id., s. d. (an VI). — In-4° de 12 p.

Protestation contre la dissolution du Cercle constitutionnel de Mirebeau, datée de cette ville le 22 ventôse an VI et signée par Denis, lieutenant, Prieur-Dubois, Dupuis fils, Rousseau, Legrain, Bouthet, Masson, Billanbeau et Prieur.

*MÉMOIRES pour servir à l'histoire de l'Assemblée Constituante et de la Révolution de 1789, par le citoyen C. E. F\*\*\** (Claude-Élie de Ferrières), *membre de l'Assemblée Constituante.* Ibid., id., an VII. — 3 vol. in-8° de 321, 407 et 375 p.

On les trouve aussi avec l'adresse de Paris, Morin, ou de Paris, chez les marchands de nouveauté.

Sous la couverture brochée d'un de ces volumes imprimés par Guimbert, M. Labbé a trouvé collées deux feuilles d'un volume in-32 dont le texte et le titre courant font reconnaître le *Tableau de la Messe avec les oraisons de sainte Brigitte.* Ces feuilles contiennent deux gravures dont l'un des bois

originaux existe encore aujourd'hui dans l'imprimerie Bichon, suite de celle de Guimbert. Cette circonstance porte donc à croire que Guimbert ou ses parents auraient été les imprimeurs de ce petit livre que nous n'avons jamais vu.

*ÉPITRE à mes jurés. Le citoyen Devillemandy, détenu arbitrairement, illégalement, sans cause ni motifs autorisés par les lois aujourd'hui en vigueur. A ses jurés d'accusation.* Ibid., id., s. d. (an VII). — In-4° de 4 p.

Daté « de la maison d'arrêt de la commune de Châtelleraud, ce 9 fructidor, an sept de la République ».

*LES QUATRE SAISONS, poëme, par J. Chauveau, membre du Lycée du département de la Vienne. Suivi d'un Petit mot aux Dames, et d'un Dialogue sur le Célibat.* Ibid., id., an VIII. — In-12 de vn-197 p.

*AVIS à mes concitoyens sur la vaccine, ou Nouveau préservatif de la petite vérole, par A. Pingault...* A Châtellerault, de l'imprimerie de Guimbert aîné, près le Pont, an IX. — In-8° de 14 p.

*NÉCROLOGIE extraite de la Décade philosophique, littéraire et politique. Notice sur Gilbert.* Ibid., id., s. d. (an IX). — In-8° de 14 p.

François-Hilaire Gilbert, professeur et directeur-adjoint à l'école vétérinaire d'Alfort, membre du Conseil d'agriculture, membre de l'Institut et du Corps législatif, né à Châtellerault le 18 mars 1757, mort en Espagne le 21 fructidor an VIII.

Après avoir étudié l'œuvre typographique de Guimbert, il ne nous reste plus qu'à donner quelques détails sur sa personne et sur sa fin.

Il s'était marié avec Marie-Thérèse Métayer, qu'il perdit le 10 mars 1787, à l'âge de 35 ans. Il ne paraît pas en avoir eu d'enfants, car nous n'avons relevé aucune naissance sur les registres de la paroisse Saint-Jacques.

Le 23 thermidor an IX (11 août 1801), par un acte passé devant Guillemot, notaire (1), il vendait son imprimerie à Louis Drouault, son ouvrier, celui-ci étant assisté et garanti par son père. Cet acte est ainsi libellé :

« Pardevant les notaires... fut présent le citoyen Pierre-Jean-Baptiste Guimbert aîné, imprimeur, demeurant en cette ville de Châtellerault, section de la Promenade, lequel a par ces présentes vendu et transporté sous la garantie de droit,

» Au citoyen Louis-Jacques Drouault, notaire public à la résidence de Vouneuil-sur-Vienne, y demeurant, et au citoyen Louis Drouault, son fils, ouvrier imprimeur, demeurant même ville et même section, aussi présent et acceptant,

» Les caractères, casses, rayons ou tables portant casses, deux presses d'imprimerie avec leurs ustenciles, les marbres, chassis, tables supportant marbres avec tiroir, quessaux,

» Deux presses pour la reliure, une autre forte pour le papier et généralement touts meubles et ustenciles servant à la reliure et à l'imprimerie qu'a le citoyen Guimbert, tels qu'ils servent aujour'huy, sans aucune exception ni réserve, pour de la part desdits citoyens Drouault père et fils en jouir dès ce jour ; en conséquence il les en met en possession pour en faire et disposer comme bon leur semblera.

» Et comme lesdits citoyens Drouault père et fils n'ont point dans cet instant de lieu convenable pour placer ladite imprimerie, le citoyen Guimbert leur accorde d'ici le vingt-quatre vendémiaire de l'an onze l'usage de l'attelier haut et bas pour y relier et imprimer sous leur nom et à leur profit, pendant lequel temps ils ne payeront aucun droit de location.

» Cette vente est faite moyennant la rente viagère de quatre cens livres que les citoyens Drouault père et fils solidairement l'un pour l'autre.... s'obligent de payer par moitié en deux termes égaux de six mois en six mois audit citoyen Guimbert et à son domicile.... jusqu'au décès dudit Guimbert, moment où ladite rente demeurera éteinte et amortie au profit desdits Drouault père et fils.

» A l'exécution et pour sûreté de laquelle rente ledit citoyen Drouault père a hypothéqué spécialement sa maison-métairie de Vouneuil-sur-Vienne.

(1) Etude de Me Lasserré, notaire à Châtellerault.

. . . . . . . . . . . . . . . . . . . . . . . . . . . . . . . . . .

» Fait et passé audit Châtellerault les jour et an que dessus, demeure du citoyen Guimbert, dans une chambre basse *qui a son aspect sur le pont.* Lu, ont les parties signé, Guimbert aîné, Drouault,
Drouault, Guillemot, Durand ».

Guimbert ne jouit pas longtemps de sa rente, car le 20
ventôse an X (11 mars 1802), il expirait, trouvé, dit-on,
noyé dans son bain. Il n'avait pas encore 57 ans. Son acte
de décès, dressé « sur la déclaration de Pierre-Augustin-
Benjamin Guimbert, frère du décédé, et de Marie Ferrant,
sallariée chez ledit décédé », semble attester l'isolement
dans lequel il vivait et le sentiment de répulsion qu'inspi-
raient dès lors les hommes qui avaient trempé dans les
excès de la Révolution.

Ainsi disparaissait de l'industrie typographique la lignée
de Quentin Maréchal, dans cette maison située sur le pont
de Vienne, où il était venu apporter en l'année 1621 sa
presse jusque-là vagabonde.

## Louis Drouault père

En remplaçant Guimbert, Louis Drouault était âgé de
26 ans, étant né le 22 juillet 1775 sur la paroisse de Vouneuil-sur-Vienne. Il se transporta dans la rue du Champ-
de-Foire et plus tard dans la rue Noire en la maison qui
porte actuellement le n° 2. Le 10 novembre 1806, il se ma-
riait avec Euphrosine Guillemot, fille d'un notaire de la ville,
et avait pour un de ses témoins Michel-Vincent Chevrier,
l'imprimeur de Poitiers ; mais nous ne nous occuperons pas
davantage des événements intimes de sa vie.

Ses presses ne reprirent pas l'activité qu'elles avaient
eue naguère sous son prédécesseur ; la fièvre politique

était calmée et les événements ne favorisaient pas un réveil littéraire. Au moment où le décret du 5 février 1810 réorganisa l'imprimerie et la librairie, le rapport du sous-préfet de Châtellerault présente Louis Drouault comme possédant deux presses avec l'assortiment de caractères y correspondant, et travaillant pour la sous-préfecture, la mairie, les tribunaux de première instance et de commerce, MM. les avocats, les notaires, les percepteurs à vie, le receveur particulier, les receveurs de l'Enregistrement et les habitants de cette ville. La beauté de ses caractères, dit-il, et son habitude en ce genre de travail le mettraient à même d'imprimer des ouvrages de quelque importance s'il s'en présentait ; mais il ne s'en présenta jamais. Drouault s'occupait aussi un peu de librairie et de la reliure, et il tenait des livres classiques et de piété. En 1822, la situation avait peu changé ; son imprimerie ne servait guère qu'aux affiches des notaires et aux arrêtés de la mairie, et il ne vendait que des livres d'église. Il lui avait été accordé un brevet d'imprimeur le 8 août 1816 et un brevet de libraire le 1er août 1818.

A la fin de 1832, un sieur Huguet, libraire au Blanc (Indre), fit une demande pour obtenir un brevet d'imprimeur à la résidence de Châtellerault ; elle fut rejetée par le Ministre du commerce et des travaux publics (lettre du 18 février 1833), par la raison qu'une seconde imprimerie n'avait aucune chance de succès et ne pourrait qu'amener la ruine de l'ancienne (1).

Voici quelques plaquettes sorties de l'atelier de Drouault :

*LE PARFAIT ALPHABET syllabique français, pour apprendre à lire en peu de jours ; très utile à la jeunesse*

(1) Arch. de la Vienne, T 6, liasse 15.

*tant pour la lecture que pour l'orthographe, et très soula-*
*geant pour les maîtres et maîtresses qui instruisent les en-*
*fans. Nouvelle édition.* An X (1802 ère vulg.). — In-12 de
42 p. au moins.

Très bien imprimé en caractères tout neufs. On voit que Drouault, en
commençant son exercice, avait remonté son matériel.

*MÉMOIRE pour Me Guillemot, notaire, administrateur*
*de ses enfans, contre les sieur et dame Millet-Gaudeau.*
1809. — In-4° de 34 p.

*MÉMOIRE signifié pour François Guillemot, notaire,*
*administrateur de ses enfans, et demoiselle Claire Faulcon,*
*leur tante, défendeurs... contre le sieur Millet, orfèvre, et*
*la dame Gaudeau, son épouse...* 1810. — In-4° de 68 p.

*OBSERVATIONS de chirurgie et de médecine recueil-*
*lies aux quatre dernières campagnes d'Autriche, de*
*Prusse, de Pologne et d'Espagne, présentées aux Inspec-*
*teurs généraux et imprimées à l'Ecole de médecine de*
*Paris, par Treuille, chirurgien au 9e dragons.* 1810. —
In-4° de 19 p.

*TABLEAU des valeurs réduites en francs des pièces*
*d'or de 48 et de 24 livres et des pièces d'argent de 6 et de*
*3 livres, avec leur nouvelle valeur en livres tournois, cal-*
*culé par Guy, professeur d'écriture et de mathématiques à*
*Châtellerault, conformément au décret impérial du 12 sep-*
*tembre 1810...*

Imprimé en forme de placard et tiré à 200 exempl. en novembre 1810,
puis réimpr. à 50 exempl. en décembre suivant.

*CANTIQUES...* (?)

Drouault déclare à la Préfecture, en février 1811, imprimer deux rames
de cantiques, format in-32, pour Bassereau, colporteur, muni d'une auto-
risation. Nous ne les avons trouvés nulle part..

*RÈGLEMENT de l'Octroi de Châtellerault.* 1812. —
In-4° de 22 p.

A été réimpr. par Drouault en 1829, 1835 et 1837 et par son fils en
1842.

*A B C, ou Instruction des petits enfans, selon une mé-*
*thode nouvelle.* 1828. — In-16 de 30 p.

*RAPPORT de M. Lerpinière, secrétaire du Comice agri-cole de Châtellerault dans sa dernière séance (1834).* — In-8° de 12 p.

Drouault et ses successeurs ont imprimé beaucoup d'autres pièces rela-tives à ce Comice agricole.

Drouault a aussi attaché son nom à la publication du *Colporteur*, le premier journal créé à Châtellerault ; nous en reparlerons à l'article spécial que nous consacrons aux journaux de cette ville.

En 1837 il démissionna en faveur de son fils.


### Louis Drouault fils.

Louis Drouault fils succéda à son père pour l'imprimerie seulement. Il obtint son brevet le 24 juillet 1837.

En 1840, le maire de Châtellerault, qui s'opposait à la création d'une deuxième imprimerie, dit dans l'enquête (1) que Drouault fils « a dépensé depuis quatre ans dix mille francs en renouvellement et augmentation de caractères achetés chez MM. Didot frères ; il n'a du travail que pour employer un seul ouvrier ».

Ouvrages imprimés par Drouault fils :

*REMARQUES historiques et littéraires sur quelques poésies vulgaires du Poitou au XVI^e siècle, par M. Al-phonse Delafouchardière.* Paris, J. Techener, 1838. — In-8° de 136 p.

*DISCOURS prononcé par M. André, procureur du roi à Châtellerault, le 16 août 1838, jour de son installation.* — In-8° de 4 p.

*A MESSIEURS les Président et Juges du tribunal civil*

(1) Arch. de la Vienne, T 6, liasse 15.

*de Châtellerault.* (29 août 1838. Signé : G. Poÿez.) — In-4°
de 8 p.

Pour donner les motifs de sa démission de substitut.

- *RÉCLAMATION de la ville de Châtellerault concernant les patentes. Délibération du 19 février 1840.* —
In-8° de 20 p.

*BULLETIN de la Société d'Émulation de Châtellerault.
N° 1. Année 1839. 1840.* — In-8° de 40 p.

Il y a un n° 2, année 1840, imp. en 1841, et un n° 3, année 1842, imp.
à cette date, en tout 108 p.

*UNIVERSITÉ DE FRANCE. Instruction secondaire.
Direction des études vers deux baccalauréats.* (Par J. Lapaume, licencié ès-lettres.) 1841. — In-8° de 72 p.

*TABLEAUX indiquant les noms, résidences, commencement et fin d'exercice des notaires de l'arrondissement de
Châtellerault. 1843.* — In-4° de 50 ff.

*RÈGLEMENT pour la taxe des actes, adopté par l'assemblée générale des notaires de l'arrondissement de Châtellerault. Séance du 4 octobre 1843. 1844.* — In-4° de
11 p.

A été réimpr. plusieurs fois par Drouault et ses successeurs.

*DISCOURS prononcé le 18 août 1846, à la distribution
des prix du collège communal de Châtellerault, par M. Demondion, sous-préfet.* — In-8°.


## Adolphe Varigault.


Drouault fils céda, en 1853, son imprimerie à Adolphe
Varigault (1), qui exerçait déjà la librairie.

En 1852, Varigault avait été soupçonné de propager des
brochures socialistes, et on apprend par la correspondance
administrative engagée à son sujet qu'après avoir passé

_____

(1) Né à Châtellerault, le 6 octobre 1816.

plusieurs années à Paris, où il était clerc d'avoué, il était revenu à Châtellerault, s'y était marié avec une demoiselle Brun, fille d'un capitaine retraité, et avait obtenu un brevet de libraire le 30 juin 1843. Après 1848, il était devenu gérant du journal l'*Echo Châtelleraudais*, qui cessa de paraître en mars 1852 ; cette position lui assurait un traitement de 1,500 francs.

Il obtint son brevet d'imprimeur en lettres le 17 septembre 1853 et y joignit, à la date du 16 août 1856, un brevet d'imprimeur lithographe. Puis en 1859, il céda son établissement à Blanchard et alla diriger une autre imprimerie à Lagny (Seine-et-Marne), d'où sont sortis de nombreux volumes de la collection Charpentier et de la collection Lévy.

Ouvrages imprimés par lui à Châtellerault :

*GERBE POÉTIQUE*, *par A.-J.-B. Chartier, de Châtellerault*... 1854. — In-18 de 106 p.

*LES RIVES de la Vienne, légendes du Poitou, par M. le comte R. de Croy,*... Paris, Arnauld de Vresse, 1857. — In-12 de xx-203 p.

*EAUX MINÉRALES de la Roche-Posay, d'après Milon, médecin de Louis XIII, 1615, et Martin, docteur en médecine de Montpellier, 1787*... S. d. — In-8° de 1 feuille.

*ÉPISODES de voyages, par Raoul de Croy.* Paris, Arthus Bertrand, s. d. — In-12 de 4 ff. et 232 p.

## Marc-Antoine Blanchard.

Le successeur de Varigault, Marc-Antoine Blanchard (1), ne fut pas seulement un imprimeur, il se fit aussi connaître

(1) Né à Châtellerault en 1806, y est décédé le 1er avril 1893.

comme un homme de lettres très fécond. Un grand nombre de ses œuvres ont été éditées à Paris par Peltier et Fonteney. Mais nous n'avons pas à l'étudier ici à ce point de vue, et nous citerons seulement ses impressions (1).

*NOTICE généalogique sur la maison de Croy-Chanel de Hongrie.* (Par le comte R. de Croy.) 1859. — ln-8° de 57-VIII p.

*AUX BIENFAITEURS de l'église de Saint-Jacques de Châtellerault. Bénédiction de la façade, 12 juin 1859.* (Signé : l'abbé Boislabeille.) S. d. — In-12 de 22 p.

*ÉTUDE chimique des vins et des divers produits formés pendant la vinification... Par Ulysse Roy, pharmacien à Poitiers,...* S. d. — In-8° de 48 p.

*NOTICE nécrologique sur Ambroise-Charles-Eugène Le Caruyer de Lainsecq, chef d'escadron d'artillerie, directeur de la Manufacture impériale d'armes de Châtellerault,... décédé le 27 mars 1862.* (Par l'abbé Boislabeille.) — In-8° de 8 p.

*HEURES de loisir d'un paysan des rives de la Vienne, recueillies et diminuées par le comte Raoul de Croy.* Paris, 1862. — In-8° de xv-166 p.

*NOTICE historique sur la vie et la mort de M. l'abbé Georges Creuzé...* (Signé : l'abbé Boislabeille.) 1863. — In-8° de 14 p.

*FABLES et historiettes, par L. S. Desrivières.* 1864-1866. — In-8° en 2 parties de 234 et 226 p.

*PETIT TRAITÉ de la culture du pin maritime et de l'extraction de ses produits résineux, par Lavairé aîné, manufacturier à Châtellerault.* 1866. — In-8° de 30 p.

*DE LA FORMATION de la terre, discours improvisé*

---

(1) Nous avertissons le lecteur qu'à mesure que nous avançons dans la période moderne, nous éliminons de nos listes les plaquettes qui par leur nature offrent le moins d'intérêt. Nous supprimerons entre autres les discours assez nombreux prononcés dans des distributions de prix, etc.

*au milieu d'une réunion dans une des salles des Arts-et-Métiers, le 26 mai 1867, par le docteur L. S. Desrivières.* Paris, 1867 — In-8° de 80 p.

*LE CARILLON de Saint-Jacques de Châtellerault. Comptes-rendus de cette fête; Poésies diverses...* (Par l'abbé Boislabeille.) 1867. — In-8° de XXI-86 p.

*LAISSEZ-MOI PASSER, comédie-vaudeville en un acte, par Alphonse Vavasseur.* 1869. — In-8° de 54 p.

*KHÈYAM français, ou mon broc et mon verre, par L. S. Desrivières, D. M. P. (de Montmorillon.)* 1869. — In-8° de 179 p.

Ce volume, le dernier qui ait été imprimé par Blanchard, a même été terminé par Bichon.

### Olivier Bichon.

Par brevet du 6 octobre 1869, Olivier Bichon, commis de la maison Oudin, de Poitiers, fut nommé imprimeur-libraire en remplacement de Blanchard, cessionnaire en sa faveur, et il prêta serment le 23 du même mois. Il s'associa avec son frère Charles pour l'exploitation de ce brevet, et leur raison sociale fut *Bichon frères*. Charles étant mort le 30 octobre 1878, Olivier continua seul les affaires sous le nom de *Bichon*, puis par suite de son mariage, sous le nom de *Bichon-Jacob*. L'établissement avait quitté la rue Noire avec Varigault pour venir s'installer au n° 57 de la rue Bourbon qu'habita aussi Blanchard jusqu'en 1868. L'adresse est maintenant pour la librairie, rue Bourbon, n° 62, et pour l'imprimerie, place Louis XIII, n° 7, la maison ainsi occupée ayant une double façade.

Ouvrages imprimés par Bichon :

*LES BUTTES-CHAUMONT ou Saint-Chaumont. Les temps anciens et modernes. Par Marius Reynaud.* Juin 1870. — In-4° de 40 p.

Impression de luxe, pages encadrées de filets.

*LISTE des notables et des commerçants de la ville de Châtellerault par rues et par quartiers...* Juin 1871.—In-8° de 16 p.

En 1892, Bichon-Jacob a aussi publié une *Liste générale des habitants de la ville de Châtellerault.*

*ALMANACH-ANNUAIRE de Châtellerault pour l'année 1873.,. Première année.* — In-8° de 48 p. et 1 plan.

Cet Almanach a été continué à intervalles inégaux. Celui de 1894 forme la seixième année.

*LE TALENT, par Herbault J. E.* 1873. — In-8° de 22 p.

*MÉMOIRE sur l'Amarantus Blitum, par M. A. Boutin,...* 1873. — In-8° de 8 p.

*RÉFORME SOCIALE. Deux lettres à M. F. Le Play, par P.-H. Catineau....* 1873. — In-8° de xi-79 p.

*PAIX OU GUERRE. Troisième lettre à M. F. Le Play, par P.-H. Catineau,.,.* 1873. — In-8° de 94 p.

*EXPOSITION rétrospective d'objets d'art et de curiosité ouverte à Châtellerault dans les salons de l'hôtel-de-ville, le 5 septembre 1874. Catalogue.* 1874. — In-12 de 88 p.

*NOTICE sur l'ancienne et la nouvelle église de Saint-Jean-l'Évangéliste de Châtellerault.* (Signé : Amiet, curé de Saint-Jean-l'Évangéliste.) 1874.—In-8° de 16 p. et 1 planche.

*ABRÉGÉ du catéchisme.* 1876. — In-8° de 16 p.

*CONCOURS pour le prix cultural de la 1ᵣₑ catégorie et pour la prime d'honneur dans le département de la Vienne. Mémoire sur la terre de la Gâtinalière appartenant à M. A. de la Massardière.* 1877. — In-4° de 32 p. et 3 tableaux.

*L'OUVERTURE de la chasse, comédie-vaudeville en un acte, de Marc-Antoine Blanchard, avec la Chanson des Chasseurs du faubourg Châteauneuf.* 1878. — In-8° de 23 p.

*SAINT-ROCH et son chien, comédie-vaudeville en un acte, de Marc-Antoine Blanchard.* 1878. — In-8° de 29 p.

*NOTICE sur la guérison de Mˡˡᵉ Valentine Creuzé, religieuse au monastère des Sœurs Dominicaines à Chinon.* 1878. — In-8° de 15 p.

Une 2ᵉ édit. a été imp. en 1886, in-24 de 24 p.

*LA DEMANDE en mariage, comédie-vaudeville en un acte, de Marc-Antoine Blanchard.* 1880. — In-8° de 43 p.

*ÉTUDE sur les causes qui rendent le phylloxéra indestructible par les insecticides, par Boutin aîné.* 1880. — In-8° de 14 p.

*NOTICE biographique et nécrologique* (1882). — In-8° de 15 p.

Notice sur Jean-Baptiste Augeard, né à Châtellerault le 5 février 1788, y décédé le 26 avril 1882.

*LE CHAMPSAUR, relation alpestre, par Marius Reynaud,...* Août 1882. — In-8° de 26 p.

*ORAISON FUNÈBRE de M. l'abbé Pauvert, par l'abbé Marais, curé-doyen de Neuville,...* 1882. —In-8° de 24 p.

*ERNEST GUILLEMOT. Œuvres diverses. — L'Ecole de la médisance. — Clarisse Harlowe. — Léon Dervieux. — Le Renard et les raisins. — Hamlet. — Conscience et opinions.* Paris, Degorce-Cadot, éditeur, 1882. — 2 vol. in-12 de 345 et 301 p.

*JUBILÉ sacerdotal et éloge funèbre de M. Pierre Moineau, curé-doyen de Saint-Loup. Deux discours prononcés à Saint-Loup le 29 juin 1870 et le 16 novembre 1882, par M. l'abbé Vénard, curé d'Assais.* 1883. — In-8° de 32 p.

*CHANTS à la mémoire du vénérable Théophane Vénard, décapité pour la foi au Tonquin le 2 février 1861.* (1884.) — In-8° de 8 p.

*ERNEST GUILLEMOT. Œuvres choisies d'Edgard Poe.* Paris, Degorce-Cadot, éditeur, 1884. — In-12 de 305 p.

*NÉCROLOGIE. La sœur Macrine. Deux extraits de l'« Echo de Châtellerault »,* n° *du 8 novembre 1884.* (Signé : L'abbé Boislabeille,...) — In-8° de 8 p.

Une seconde édition corr. et augm. a paru en 1885.

*ERNEST GUILLEMOT. Old England (1869-1879). Nouvelle édition revue et corrigée.* Paris, Degorce-Cadot, éditeur, 1885. — In-12 de 247 p.

*LE PENSER LIBRE, par Marc-Antoine Blanchard.* 1889. — In-12 de 150 p.

*NOTICE sur J.-A. Creuzé-Latouche,... par A. Labbé.* 1891. — In-8° de 29 p.

*HOMMAGE à M. L. Saby, principal du collège de Châtellerault. A nos vaillants soldats du Dahomey. Le 29 décembre 1892.* (Signé : Eugène Charbonnet.) — In-8° de 6 p.

*NOTES sur la famille Descartes, par A. Labbé,...* 1893. — In-8° de 25 p.

*EXCURSION à Oiré et à Montaut, 23 février 1894.* (Signé : A. L. [Arthur Labbé].) — In-8° de 14 p.

*STATUTS de la corporation des Couteliers (1570), extraits des archives de la ville de Châtellerault.* (1889.) — In-4° de xiv p.

*RIANT, dit le Caporal sans Peur, par Louis Degrenne.* 1893. — In-8° de 16 p.

*HOMMAGE à la mémoire de S. M. l'Empereur de*

*Russie Alexandre III.* (Signé : Jules Texier.) (1894.) —
In-8° de 7 p.

*ÉLOGE FUNÈBRE de M. Georges Creuzé, docteur en
médecine,.. décédé à Châtellerault le 23 avril 1895, dans
sa 49e année, prononcée par M. le docteur Pouliot,...* —
In-8° de 9 p.

Si nous jetons maintenant un regard en arrière, nous
constaterons avec quelque satisfaction qu'en la présente
année 1895, il y a 275 ans que l'imprimerie fondée à Châtellerault par Quentin Maréchal fonctionne, sinon avec éclat,
du moins sans interruption. Combien de villes d'une importance plus considérable ne peuvent offrir un pareil tableau,
et Châtellerault a bien le droit, nous dirions presque le devoir, d'inscrire son proto-typographe au nombre de ses
illustrations.


### Collet-Drouin.

En 1840, la pensée d'établir une deuxième imprimerie à
Châtellerault fut reprise avec succès. Deux candidats pré-
sentèrent en même temps leur demande, Jacques Henry,
déjà pourvu d'un brevet d'imprimeur-lithographe, et le sieur
D. Pierre, dit Collet, instituteur communal de la ville de
Châtellerault.

Henry invoquait ses titres acquis, sa capacité et celle de
ses fils, de l'aîné surtout, Paul, alors âgé de 22 ans, dont
nous reparlerons. Un brevet d'invention lui avait déjà été
accordé le 13 décembre 1838, et il parlait d'une nouvelle
découverte qu'il se proposait d'appliquer à la typographie.

Le maire était opposé à la création d'une nouvelle imprimerie dont le besoin ne se faisait nullement sentir. Le sous-

préfet, au contraire, s'appuyant sur l'accroissement de la population et de l'industrie de la ville, en était partisan. Ces dernières raisons l'emportèrent. La nouvelle imprimerie fut accordée, et ce fut Collet qui fut agréé. Le ministre lui délivra son brevet d'imprimeur en lettres le 19 octobre 1840 ; le 13 novembre 1841, sur une autre demande de sa part, il obtint en outre un brevet d'imprimeur-lithographe. Il a toujours imprimé sous le nom de Collet-Drouin. L'établissement fut installé dans la rue Bourbon, et c'est là qu'il fonctionne encore aujourd'hui (1).

Ouvrages imprimés par Collet-Drouin :

*LE PASSÉ. Le Présent. L'Avenir. Par M^{me} S\*\*\*\*.* 1842. — In-8° de 14 p.

*MÉMOIRE contre la dernière réponse de M. Pleignard, par A. Delafouchardière.* 1843. — In-8° de [54-xxxiv p.

*FRANÇOIS-HILAIRE GILBERT, sa vie, sa correspondance, par A. Delafouchardière.* 1843. — In-16 de xi-205 p.

*NOUVELLE LOI sur la police de la chasse, promulguée le 3 mai 1844. Suivie de notions indispensables sur l'art de la chasse et de la pêche.* 1844. — In-18 de 36 p.

*ÉLOGE FUNÈBRE de M. Victor Millet, archiprêtre, curé de Saint-Jacques de Châtellerault, chanoine honoraire de l'église de Poitiers, prononcé le 15 janvier 1845 par M. R. Bessonnet, desservant de Saint-Jean-Baptiste.* — In-8° de 28 p.

*SIMPLE NOTE sur la question des enfants trouvés, par A. Delafouchardière.* S. d. — In-8° de 20 p.

---

(1) Nous croyons que c'est par suite d'un remaniement dans les n°˙ de cette rue que l'adresse a été indiquée d'abord au n° 87, puis au n° 85, et enfin au n° 58. En 1848, la rue Bourbon est même devenue un moment la Grand'Rue. On nous a assuré que l'imprimerie a toujours occupé la même maison.

### Adrien Leroy.

En 1846, Collet-Drouin cédait son imprimerie à Adrien Leroy, qui demanda en même temps un brevet de libraire. Le 10 août, Leroy obtenait les brevets d'imprimeur en lettres et d'imprimeur-lithographe, mais sur la réclamation de Ducloz et de Varigault, qui étaient alors les deux libraires en exercice à Châtellerault, ce nouveau brevet lui était refusé. Au commencement de l'année suivante, il renouvelait sa demande sans plus de succès.

Ouvrages imprimés par Leroy :

*LE PETIT GÉOMÈTRE, ou Notions de Géométrie pratique appliquées aux besoins les plus usuels de la vie, par Amédée de Vassal de Montviel, employé aux Ponts-et-Chaussées, auteur de divers ouvrages. Deuxième édition.* 1847. — In-16 de 64 p. avec 10 planches lithogr.

*PROJET d'organisation du travail. La Fraternelle, association du capital et du travail pour participer à la construction des travaux publics de France, par Paul Desroches,... entrepreneur de travaux publics.* Mai 1848. — In-8° de 23 p.

*EXPOSÉ des motifs du Code municipal de Châtellerault Rapport fait par M. Paillier, à la séance du Conseil municipal le 27 décembre 1849.* 1850. — In-8° de 20 p.

*PROJET du Code municipal de la ville de Châtellerault.* 1850. — In-4° de 96 p. lithogr.

### Jacques-Aimé Rivière.

Jacques-Aimé Rivière, ancien ouvrier de l'imprimerie Saurin, de Poitiers, remplaça Leroy en 1850. Le 9 avril, il obtenait des brevets d'imprimeur en lettres et d'imprimeur lithographe, et le 10 octobre suivant, il y joignait un brevet de libraire.

Ouvrages imprimés par Jacques-Aimé Rivière :

*EPITRE à l'auteur de la « Gerbe poélique ».* 1854. — In-8° de 16 p.

*RECHERCHES historiques sur la paroisse de Saint-Sulpice d'Oiré en l'archiprêtré de Châteleraud, par M. .'abbé Lalanne, desservant du lieu.* 1854. — In-8° de 74 p. et 5 pl.

*PÉRÉGRINATIONS d'un touriste sur la limite de trois provinces... par M. de Longuemar.* 1856. — In-8° de 184 p.

*PLAIES DE POITRINE avec hernie de l'épiploon. Thèse présentée et publiquement soutenue à la Faculté de médecine de Montpellier le 31 juillet 1858, par H. Veyron-Lacroix....* 1858. — In-8° de 64 p.

*POÉSIES latines et gauloises. Ausone. — Martial. — Le berceau du Prince impérial. — Le puits de Tamerna. — Epître à M. Jules Janin. — Epigrammes. — Poésies diverses. — Idylles. — Epître à Ausone. Par Auguste Duclos.* 1858. — In-8° de 256 p.

Des exempl. ont un titre avec l'adresse de Paris, Chamerot, libraire-éditeur.

*MÉMOIRE au Garde des Sceaux sur la suppression de la vénalité des offices, par Auguste Duclos, licencié en droit, à Neuillé-Pont-Pierre (Indre-et-Loire).* 1859. — In-8° de 176 p.

*HISTOIRE de Châtelleraud et du Châtelleraudais, par M. l'abbé Lalanne,...* 1859. — 2 vol. in-8° de xi-613 et 428 p.

*GUIDE du voyageur et du malade aux eaux minérales de la Roche-Posay (Vienne), par le docteur Bénézet,...* 1859. — In-8° de 30 p.

Une autre édition a paru en 1865.

*NOTICE historique et archéologique sur la ville de la*

*Roche-Posay (Vienne), par M. Blanchetière,...* 1860. —
In-8° de 50 p. et 2 pl.

*COLLÈGE de Châtellerault. Leçons de physique rédigées
conformément aux programmes du plan d'études du 30
août 1852, par M. Alfred Papillauit, sous-principal, professeur de physique.* 1860. — In-4° de 217 p. lithogr. avec
fig.

Une 2ᵉ édition a été faite vers 1875.

*NOTIONS de littérature.* S. l. n. d. (vers 1860). — In-4°
de 59 p. lithogr.

*LIGNITES et tourbes de la Vienne* (Signé : Le Touzé de
Longuemar). 1861. — In-8° de 23 p.

Extrait du *Mémorial du Poitou.*

*ÉTUDES sur les sources du massif Châtelleraudais, par
M. Le Touzé de Longuemar.* 1861. — In-8°.

Extrait du *Mémorial du Poitou.*

*NOTICE sur la distribution des eaux dans la ville de
Châtellerault.* 1868. — In-8° de 20 p.

*LE CHANT du Cygne, par Euvrard.* 1869. — In-8° de
60 p.

*CERCLE Châtelleraudais de la Ligue de l'Enseignement.
Séance du 26 décembre 1869.* 1870. — In-8° de 7 p.

Discours de M. Alfred Hérault sur l'organisation de la bibliothèque.

*MA MANIÈRE de voir. Iʳᵉ partie : Instruction publi-
que, Loi électorale, Liberté de la presse, Conclusion. IIᵉ partie : Société gauloise, Société française, Origine et consé-
quences sociales de la Révolution de 89, Conclusion. Lettre
à Guillaume.* 1870. — In-8° de 77 p.

*GUERRE à la Prusse, chant patriotique, par Alphonse
Vavasseur.* S. d. (1870). — In-8° de 3 p.

*LIBERTÉ, AUTORITÉ. — L'Arrière-ban de la vraie
France, œuvre de défense nationale, par M. Arthur Pon-
roy.* 1870. — In-8° de 120 p.

*DROIT ROMAIN. De la* Restitutio in integrum *en faveur
des mineurs de 25 ans. Droit français. Du droit de jouissance légale des parents sur les biens de leurs enfants
mineurs de 18 ans. Thèse présentée à la Faculté de droit
de Poitiers pour obtenir le grade de docteur... par Albert
Thoret, avocat.* 1870. — In-8° de 148 p.

*QUELQUES OBSERVATIONS sur la lecture des ins-
criptions lybiques, par Ch. de Gresset.* 1871. — In-4° de
52 p. autogr.

## Henri Rivière

En 1871, Jacques-Aimé Rivière a été remplacé par son
fils, Henri Rivière, qui exerce encore aujourd'hui.

Ouvrages imprimés par Henri Rivière :

*INSTALLATION de M. l'abbé Pauvert, à l'archiprêtré
de Châtellerault, sous la présidence de M. l'abbé Samoyault,
vicaire général.* 1872. — In-8° de 16 p.

*OBSÈQUES de M. Paul Proa, avec les discours prononcés sur sa tombe par MM. Arnaudeau et Paillier.* 1872. —
In-8° de 16 p.

*INVENTAIRE des Archives municipales de Châtellerault antérieures à 1790, par Victor de Saint-Genis,...
Publié par ordre du Conseil municipal.* 1877. — In-4° de
xxxvi-66 p.

*NOTICE biographique sur M. E. de la Massardière,
par Victor de Saint-Genis.* 1877. — In-8° de 36 p.

*MORTE d'amour, par Emile Trolliet. S. d.* (1881). —
In-8° de 120 p.

*LISTE des anciens élèves du collège de Châtellerault.
1822-1881.* 1881. — In-8° de 62 p.

*LA RÉVOLUTION en province, d'après les documents*

*inédits tirés des registres des Municipalités, par Victor de Saint-Genis.* 1881. — In-8° de 47 p.

*ANNUAIRE de la ville de Châtellerault. 1882.* — In-8° de 96 p.

Même publication pour 1884, 1887, 1893 et 1894.

*DÉPARTEMENT de la Vienne. Arrondissement de Châtellerault. Série générale des prix de règlement dressés par A. Couty, architecte de la ville de Châtellerault.* 1882. — In-4° de 55 p.

*LES HOMMES politiques du département de la Vienne. M. Nivert, conseiller général.* (Signé : Vérax). 1889. — In-8° de 31 p.

*RÉPUBLIQUE FRANÇAISE... Ville de Châtellerault. 14 juillet 1790, Fête de la Fédération.* — *14 juillet 1890, Fête nationale, Inauguration du momment commémoratif du centenaire de la Révolution française.* S. d. (1890). — In-8° de 48 p. et 1 planche.

*NOTES estimatives et plans relatifs à divers projets soumis à l'étude du Conseil municipal de Châtellerault.* 1894. — In-8° de 87 p., 4 plans et 1 tableau.

M. H. Rivière a en ce moment sous presse un ouvrage considérable, qui formera 3 volumes in-4° avec de nombreux dessins. Il est intitulé : *La Coutellerie jusqu'à nos jours. Les Coutelliers de Châtellerault. La Fabrication ancienne et moderne. Par M. Camille Pagé. Illustrations de M. Jules Pagé.* Nous avons feuilleté 776 pages qui étaient déjà tirées.

Nous relevons encore dans ces dernières années, comme imprimeurs, les noms de Félicien Fontenaille, de la veuve Brigault, de L. Chérion et de Videau-Braguier ; nous n'aurons à dire des trois premiers que quelques mots à l'article des journaux. Tout ce que nous savons du dernier, c'est qu'il est établi depuis trois ou quatre ans rue Châteauneuf, nº 55.

## Les Libraires et les Lithographes au XIXᵉ siècle

Pierre-Henry FRUCHARD, né le 10 juin 1773 dans la commune du Pairé, était un officier retraité quand, le 28 mars 1809, il ouvrit une boutique de librairie et un cabinet de lecture. Il avait épousé, le 15 messidor an XII, Victoire Favreau qu'il perdit le 8 juin 1811, et il se remaria bientôt après avec Radégonde Pinasseau, car il avait d'elle un enfant qui naquit le 29 octobre 1812. Il se nomma dès lors Fruchard-Pinasseau. Sous la Restauration, il fut muni d'un brevet à la date du 1ᵉʳ août 1816.

Son nom figure sur quelques publications. Il était chargé en 1826 de la vente de l'*Ancien Poitou et de sa capitale*, par Dufour, en 1829 de celle de l'*Exposé de la méthode de Jacotot*, concurremment avec Louis Drouault. En 1829 et 1830, la vente du journal *le Colporteur* était aussi indiquée chez lui ; il faisait de même les abonnements au *Patriote de la Vienne*, imprimé à Poitiers par Saurin.

Il démissionna en 1838 en faveur de Ducloz.

Un brevet de libraire fut accordé à un sieur SAUTEREAU à la fin de 1819 ou au commencement de 1820. Pas d'autres renseignements.

La veuve COGNAULT nous est connue par cet ouvrage :

*UN MOT sur l'usure d'après la législation actuelle*... *par M. Renault-Paris, propriétaire, ancien juge au tribunal de commerce de Châtellerault.* On trouve l'ouvrage chez Madame veuve Cognault, débitante de tabac à Châtellerault ; à Poitiers, chez E.-P.-J. Catineau, imprimeur-libraire, 1824. — In-8º de 42 p.

La veuve Cognault était parente de l'auteur, ce qui peut expliquer la tolérance dont elle jouit pour débiter cette brochure, sans être munie d'un brevet.

Jean GIRAUD, né le 23 juin 1787, ancien principal du collège de Châtellerault, obtient un brevet de libraire, le 25 février 1833.

Jacques HENRY était instituteur à Abilly (Indre-et-Loire), avant d'avoir son brevet d'imprimeur-lithographe, qui est du 11 octobre 1834. Nous citerons de lui l'ouvrage suivant :

*NOUVELLE GÉOGRAPHIE et Statistique de la France. Alger et la Belgique. Suivie d'un Traité sur le Monde entier, ornée de 90 cartes et approuvée de l'Université. Par J. Henry, maître de pension. Prix : 15 fr.* A Châtellerault, chez l'auteur, par A. Clément, 1835. — In-fol. de 48 ff. gravés avec nombreuses cartes et planches.

Nous avons vu une *4ᵉ édition revue, corrigée et augmentée par l'auteur*, Rivaux et Corbin, lithographes-éditeurs à Tours, sans date, et une *5ᵉ édition*, 1842. Très beau travail, jolis dessins très bien gravés, qui font honneur à l'artiste.

Cette autre œuvre mérite aussi des éloges :

*LE PATER en tableau; dédié à Mᵍʳ l'Archevêque de Tours, par ses très-humbles serviteurs Henry et Melogan.* — Placard in-fol., entouré d'une jolie bordure signée : « A. Melogan fecit. Lith. Henry, Châtellerault ».

Dans la suite, il céda son brevet et son établissement à son fils, Paul HENRY, et reprit ses fonctions pédagogiques; en 1853, il était instituteur à la Haye-Descartes. Son fils ne se pourvut pas d'un nouveau brevet et exploita sa maison sans avoir fait régulariser sa situation. C'était un homme très intelligent et un ouvrier fort habile. Dans une enquête faite à son sujet il est dit qu'il « fut inventeur de nouveaux procédés lithographiques d'une application fort curieuse et d'une utilité incontestable. Ainsi il a trouvé le moyen de reproduire d'une manière inaltérable, soit en noir, soit en couleurs, sur la belle pierre calcaire de Chauvigny (1) les dessins les plus délicats et les plus fins». Mais il professait des opinions politiques très ardentes et appartenait à l'école socialiste phalanstérienne. En avril 1851, il imprima une pétition à l'Assemblée législative pour demander l'abrogation de la loi du 31 mai 1849 et la fit répandre dans les campagnes ; poursuivi pour délit de presse, il fut condamné à 2000 francs d'amende. Il fut ensuite arrêté par mesure de sûreté en 1852 et 1853.

L'attention du pouvoir ayant été portée sur lui, on reconnut sa situation irrégulière, et il fut invité à se conformer aux règlements. Il fit donc, le 11 septembre 1854, une demande pour obtenir un brevet, lequel naturellement se fit attendre, et au commencement de 1855, il partit pour l'Amérique. Son père, Jacques, reprit alors la maison en son nom, exploitant son ancien brevet.

M^{me} Poupot, née Virginie Varigault, eut un brevet de libraire le 18 décembre 1837 et fut remplacée en 1843 par Adolphe Varigault, son frère, dont nous avons déjà parlé comme imprimeur.

Le brevet d'Isaac-Antoine Ducloz, successeur de Fruchard, est du 10 mai 1838, mais il paraît avoir eu la direction de la librairie bien avant cette époque, car les

(1) Le 16 février 1853, Paul Henry, lithographe, et Charles Fortin, commissionnaire en roulage, demeurant tous les deux à Châtellerault, *déclarent* à la Préfecture de la Vienne un brevet d'invention de quinze ans *pour la fabrication de marbres à grains fins de la Vienne.*

abonnements au *Patriote de la Vienne* sont indiqués dès 1830 chez *Ducloz et Fruchard*, qui étaient sans doute associés. Son brevet fut exploité par lui jusqu'en 1866 environ et par sa veuve jusqu'en 1870, boulevard Blossac, n° 67. Nous avons vu son nom sur l'ouvrage de M. Delafouchardière, *François-Hilaire Gilbert, sa vie, sa correspondance*, imprimé en 1843 par Collet-Drouin.

La librairie Ducloz est passée, en 1870, entre les mains d'HÉMON-HENRY, qui l'a laissée tomber au bout de peu d'années.

Mᵐᵉ CLAREY, née Jeanne Martineau, était libraire à Tours avant de venir s'établir à Châtellerault comme lithographe. Son mari, d'origine Savoisienne, n'étant pas naturalisé Français et ne pouvant faire la demande d'un brevet, ce fut elle qui l'obtint le 21 mai 1838 et l'exploita sous son nom jusqu'en 1846.

Le nom de BOURCE figure sur cette plaquette :

*LUCRÈCE A POITIERS, ou les Écuries d'Augias, tragédie mêlée de vaudevilles, par Léonard, de Châtellerault. Représentée pour la première fois à Paris sur le théâtre du Gymnase Dramatique le jeudi 1ᵉʳ juin 1843.* A Poitiers, Barbier, Saurin; à Châtellerault, Bource ; à Paris, Furne, 1843. In-8° de 15 p.

Imprimé à Paris par Dondey-Dupré. — Parodie de la *Lucrèce*, de Ponsard.

Le 26 juillet 1848, le citoyen Ministre de l'Intérieur délivre un brevet de libraire au citoyen BENOIST. Nulle pièce ne paraît indiquer une enquête préalable.

Jean RENARD est porté comme libraire sur les Annuaires du département, de 1867 et 1868.

Beillouin, ancien ouvrier des imprimeurs Varigault et Blanchard, fonde en 1859, dans la rue Bourbon, n° 75, une maison de librairie et de reliure.

Il est remplacé, en janvier 1890, par Victor-Augustin Furgé.

## Journaux imprimés à Châtellerault

*Le Colporteur, journal commercial, industriel et littéraire, publié à Châtellerault (Vienne).* Imp^te de L. Drouault. — In-4° de 4 p. à 2 col. avec des suppléments.

Ce journal, fondé par M. Célestin Hippeau (1), professeur au collège de Châtellerault, commença sa publication le 4 juillet 1829; il était hebdomadaire. A partir du n° 9 (29 août), le titre porte la vignette ci-dessus. Avec la 2^e année (10 juillet 1830), le format devient petit in-fol. Le dernier numéro que nous ayons vu est du 25 septembre 1830. M. Hippeau, ayant été nommé professeur au collège de Poitiers, remplaça alors le *Colporteur* par le *Patriote de la Vienne*, qui fut imprimé par Saurin.

*La Vienne, journal administratif, agricole, industriel et littéraire.* Imp^ie de Louis Drouault. — In-fol. de 4 p. à 2 col.

Hebdomadaire. Le 1^er n° est du 6 juin 1839; nous avons vu le n° 743, 28 août 1853, 15^e année, qui n'est peut-être pas le dernier.

(1) Né à Niort le 11 mai 1803, mort à Paris le 29 mai 1883, après avoir occupé longtemps la chaire de littérature française à la Faculté des lettres de Caen. Il a publié de nombreux travaux et en particulier plusieurs anciens textes français du moyen-âge.

*Le Châtelleraudais, journal des intérêts de l'arrondissement.* Imp^ie Collet-Drouin. — In-fol. de 4 p. à 2 col.

Paraissant tous les samedis. Vu du n° 9, 1^re année, 25 décembre 1841, au n° 206, 4 octobre 1845, qui peut n'être pas le dernier. En 1843, il avait augmenté son format et comptait 8 pages, dont la première était seule imprimée à Châtellerault; les autres, qui contenaient des romans, arrivaient tout imprimées de Paris.

*La Ruche agricole de la Vienne, journal des intérêts de la localité, de l'agriculture, de l'industrie et du commerce, paraissant le dimanche.* Imp^ie A. Leroy. — In-fol. de 4 p. à 3 col.

Le n° spécimen porte la date de mars 1847. N'a paru que peu de mois.

*L'Echo Châtelleraudais, journal littéraire, industriel et d'annonces de l'arrondissement ￼de Châtellerault.* Imp^ie Adrien Leroy. — In-fol. de 4 p. à 3 col.

Paraissant le dimanche. Le 1^er numéro est du 12 septembre 1847. Le 3 septembre 1848, un avis annonce que Leroy cesse d'être gérant responsable et que Varigault, qui était alors libraire, le devient à sa place. Leroy continue néanmoins à imprimer le journal, et après lui, A. Rivière, son successeur. Le dernier n° paru est du 13 mars 1852.

*L'Écho de Châtellerault, journal littéraire, religieux, commercial, agricole et d'annonces, paraissant une fois la semaine.* — In-fol. de 4 p. à 3 col.

Le 1^er n° est du 22 mars 1852. Ce journal remplaçait l'*Echo Châtelleraudais* qui venait de disparaître. Il fut d'abord imprimé à Poitiers par Oudin, et il avait pour gérant le libraire Varigault. Mais celui-ci, ayant acheté l'imprimerie de Louis Drouault, imprima lui-même le journal à partir du n° 82, 9 octobre 1853, et le transmit à ses successeurs. Le format a été agrandi par Bichon et est maintenant un in-fol. de 4 p. à 4 col.

*Le Châtelleraudais de 1852, journal religieux, littéraire, agricole et industriel de l'arrondissement de Châtellerault.* Imp^ie A. Rivière. — In-fol. de 4 p. à 3 col.

Paraissant d'abord une fois, puis deux fois par semaine. Le 1^er n° est du 11 mars 1852 et le dernier du 29 juin 1856. Il annonce alors qu'il paraîtra sous le titre de *Mémorial du Poitou.* A partir du 1^er janvier 1854, il avait un peu modifié son sous-titre en devenant politique.

*Mémorial du Poitou, journal politique, religieux et littéraire, paraissant le jeudi et le dimanche, désigné pour l'insertion des annonces judiciaires de l'arrondissement de Châtellerault. Annonces et avis divers.* Imp^ie Rivière. — In-fol. de 4 p. à 3 col.

Sa publication, commencée le 3 juillet 1856, se continue encore aujour-d'hui sous ce titre : *Mémorial du Poitou paraissant le mercredi et le samedi.* A partir de 1857, il ne parut plus qu'une fois par semaine ; en 1882, il est redevenu bi-hebdomadaire.

*Revue Poitevine, journal critique, littéraire et d'annonces.* — Pet. in-fol. de 4 p. à 3 col.

Hebdomadaire. Cette feuille, dont la naissance remonte au 1^er octobre 1882, fut d'abord imprimée à Poitiers chez Tolmer. En avril 1883 elle passe à Châtellerault dans l'imprimerie de Rivière et a alors pour gérant un sieur A. Mot, ouvrier de cet imprimeur. Elle a cessé sa publication le 5 août suivant.

*L'Électeur Républicain de la Vienne, journal républicain indépendant, paraissant le dimanche.* — In-fol. de 4 p. à 3 col.

Publié en vue des élections législatives du 4 octobre 1885. Le premier numéro est du 9 septembre ; il doit avoir été suivi de trois autres seulement.

*La Vienne républicaine, journal hebdomadaire, politique, paraissant le dimanche.* Châtellerault, imprimerie Félicien Fontenaille, rue de l'Association, 1. — In-fol. de 4 p. à 4 col.

Le premier numéro est du 14 février 1886; le 46^e et dernier, du 26 mars 1887.

Si Félicien Fontenaille a jamais eu une presse à sa disposition, ce ne fut que pour bien peu de temps, car dès le numéro 24 (25 juillet 1886), son journal était imprimé à Tours par A.-C. Bertrand. Quant aux quelques travaux de ville qui lui étaient commandés, il les faisait exécuter par son frère, Alfred, qui était lui-même imprimeur à Montmorillon. La violence de sa discussion attira à Félicien Fontenaille des procès et des condamnations, et il disparut de Châtellerault en même temps que son journal.

*Le Révisionniste Châtelleraudais.* Imp^ie Bichon. — In-4 de 4 p. à 3 col.

Six numéros ont paru du 5 au 20 septembre 1889.

*La Croix, supplément du Poitou.* Châtellerault, imp^ie V^ve Brigault. — In-fol. de 2 p. à 3 col.

Paraissant le dimanche. Le 1er numéro est du 28 avril 1890. Elle se transforme au mois de juin 1891 en *la Croix du Poitou*, qui est imprimée à Poitiers chez Bousrez, et qui donne comme supplément *la Croix de Châtellerault* à partir du mois de novembre suivant. Puis en janvier 1892, reparaît *la Croix, édition de Châtellerault, supplément hebdomadaire à la Croix de Paris*, imprimée à l'Imprimerie Châtelleraudaise (boulevard Blossac, 55) jusqu'au 14 août 1892. Elle est ensuite imprimée de nouveau par Bousrez jusqu'en juin 1893.

*Le Petit Poitevin, journal politique, agricole et littéraire, paraissant le mercredi et le samedi.* Impie du Petit Poitevin. — In-fol. de 4 p. à 4 col.

Le 1er numéro est du 27 mai 1891 ; le 105e et dernier, du 5 juin 1892.

*Bulletin agricole et viticole de l'arrondissement de Châtellerault, organe de la Société d'agriculture et de viticulture, journal paraissant tous les mois.* Impie Rivière. — In-4° de 8 p. à 3 col.

Commence en janvier 1894.

*L'Éclaireur, journal socialiste.* Impie Châtelleraudaise, directeur, L. Chérion, rue de l'Ancienne-Prison, 8. — In-fol. de 4 p. à 6 col.

Ce journal continue, depuis le 24 juin 1894, *l'Éclaireur de la Vienne, journal républicain indépendant progressiste, bi-hebdomadaire*, qui s'imprimait à Poitiers chez Barroux-Gauvin depuis le 25 décembre 1886.

*Journal de Châtellerault, insertions des annonces légales, judiciaires et autres exigées pour la validité des procédures et contrats.* Impie Châtelleraudaise. — In-fol. de 4 p. à 4 col.

Le 1er numéro est du 30 novembre 1894.

L'«Imprimerie du Petit Poitevin », l' « Imprimerie nouvelle » et l' « Imprimerie Châtelleraudaise » sont un seul et même établissement, succursale de la maison Bousrez, de Poitiers, qui, sous des noms divers, s'est transportée de la place Ile-Cognet, 27, au boulevard Blossac, 55, puis dans la rue de l'Ancienne-Prison, 8. Cet atelier, quoique voué à peu près exclusivement à l'impression des journaux, a produit la brochurette suivante :

## François Chapoulaud.

'IMPRIMERIE ne date, à Montmorillon, que de l'époque de la Révolution. François Chapoulaud y apporta une presse en 1794 et nous en avons retrouvé péniblement quelques produits dans les cartons des Archives de la Vienne et de la Société des Antiquaires de l'Ouest.

*LIBERTÉ, ÉGALITÉ. Extrait du Registre des Arrêtés du Comité de Salut public de la Convention nationale, du 13 messidor, deuxième année de la République françoise, une et indivisible.* A Montmorillon, chez F. Chapoulaud, imprimeur du District. — In-4° de 3 p.

Arrêté créant une agence des Mines. — En tête figure la grossière vignette ci-dessus qui a l'air d'un rebut.

*EXTRAIT du Registre des Arrêtés du Comité de Salut public de la Convention nationale, du 13 thermidor, l'an 2ᵉ de la République françoise, une et indivisible.* Ibid., id. — In-4° de 4 p.

Sur l'approvisionnement des marchés de la République.

*EXTRAIT du Registre des délibérations du Conseil général de l'Administration du District de Montmorillon* (26 thermidor an II). Ibid., id. — In-4° de 4 p.

Sur l'approvisionnement des marchés du district.

*EXTRAIT du Registre des Arrêtés du Comité de Salut public de la Convention nationale, du 22 fructidor, deuxième année de la République françoise, une et indivisible.* Ibid., id. — In-4° de 3 p.

Sur le battage des grains.

*EXTRAIT du Registre des délibérations du Conseil général de l'Administration du District de Montmorillon. Aujourd'hui, 21 brumaire l'an 3ᵉ de la République Française, une et indivisible...* Ibid., id. — Placard in-fol.

Arrêté relatif à des versements de grains pour l'Armée de l'Ouest.

*EXTRAIT du Registre des délibérations du Conseil général du District de Montmorillon* (25 frimaire an III). Ibid., id. — In-4° de 6 p.

Arrêté prohibant la vente clandestine des grains.

Nous ne savions de Chapoulaud qu'une chose, c'est qu'il était originaire de Limoges, où son nom s'est continué dans l'industrie typographique jusqu'en ces dernières années, lorsque M. Paul Ducourtieux, très au courant de tout ce qui se rapporte aux imprimeurs limousins, nous a transmis les renseignements que nous cherchions.

François Chapoulaud était fils de Pierre, qui fut reçu maître imprimeur à Limoges le 12 avril 1758 ; il naquit vers 1770. En 1793, bien que son père vécût encore, il mit son nom sur cet ouvrage : « La Journée du Chrétien sanc-

tifiée par la prière et la méditation. Nouvelle édition...
A Limoges, chez François Chapoulaud, imprimeur-libraire,
place des Bancs, 1793. » La même année, à la sollicitation
du Directoire du district de Bellac, il tenta de s'établir dans
cette ville, mais il n'y eut aucun succès et s'empressa de la
quitter pour se rendre à Montmorillon. Il ne resta pas non
plus longtemps dans cette nouvelle résidence, car son père,
étant mort en 1794, il dut revenir à Limoges pour prendre
sa place ; c'est ce que démontrent les impressions portant
son nom à partir de cette époque. Il exerça à Limoges jusqu'en 1840, date de sa mort, et fut remplacé par ses
enfants.

## Jacques Betoulle.

Chapoulaud eut pour successeur Jacques Betoulle, qui
comme lui était de Limoges et d'une famille appartenant à
l'imprimerie. On trouve dans les registres de Saint-Michel-
des-Lions, paroisse de cette ville, un premier Jacques Betoulle, se disant imprimeur en 1776, mais M. Paul Ducourtieux pense qu'en réalité il était maître ouvrier, car il n'a
jamais vu d'impression limousine portant son nom.

Un fils de ce Jacques, Pierre, vint à Guéret, s'y maria avec
la fille aînée de l'imprimeur Brioude, qui lui céda son
établissement, et il exerça de 1798 environ à 1831 ; sa descendance y occupe encore la même profession. Il fonda
aussi à Aubusson une succursale qui fut d'abord dirigée
par son frère plus jeune, Jacques, et qu'il donna ensuite à
sa fille, mariée en 1831 à Sylvain-Léonard Bouyet.

Notre Jacques à nous, issu d'une autre branche, était fils
d'André Betoulle, dont nous ignorons la profession, et de

Madeleine Rougerie. Il épousa Suzanne-Marie-Jeanne Junien de la Ville-au-Roy, qu'il perdit le 12 septembre 1813 ; lui-même mourut à Montmorillon le 14 avril 1851, âgé de 83 ans. Il avait vendu son imprimerie en 1826 à Jollivet. Ses fonctions d'imprimeur ne l'empêchaient pas d'être en même temps secrétaire de la mairie, et dans l'enquête de 1822, le sous-préfet disait qu'il n'imprimait que très rarement. Le fait est que ses impressions sont si rares que, pendant un exercice qui a duré plus de trente ans, nous n'avons trouvé que cette pauvre affiche portant son nom :

*EXTRAIT du Registre des délibérations du Directoire du District de Montmorillon. Aujourd'hui quinze fructidor, l'an troisième de la République Française, une et indivisible.* A Montmorillon, de l'imprimerie de J. Betoulle, imprimeur du district. — Placard in-fol.

Arrêté concernant l'approvisionnement des foires et marchés, signé Rigaud, Sylvain, Savin-Larclause, Dedault, Boisseau, procureur-syndic, et Pinçon, secrétaire.

### Philibert-Benjamin Jollivet.

Jollivet, originaire de Saint-Benoît-du-Sault (Indre), avait fait son apprentissage chez Migné, son beau-frère, imprimeur à Châteauroux, et était allé se perfectionner dans son métier à Paris, avant d'acheter en 1826 l'imprimerie de Betoulle. Sa nomination subit d'assez longs retards à cause de l'enquête dont il fut l'objet ; il n'eut son brevet qu'à la date du 19 avril 1827, et ne prêta serment devant le tribunal que le 27 septembre suivant.

Le 22 octobre de la même année, il faisait ses déclarations pour imprimer :

1° Un journal ayant pour titre : *Affiches, annonces judi-*

*ciaires, demandes et avis divers de Montmorillon, départe-
ment de la Vienne,* qu'il se proposait de tirer à 50 exemplaires en n$^{os}$ de 4, 8, 12 ou 16 pages in-8°, suivant l'abon-
dance des matières, un numéro par semaine ;

2° Un ouvrage ayant pour titre : *Moyen efficace d'ho-
norer parfaitement Jésus et Marie,* qu'il se proposait de
tirer à 1000 exemplaires en un volume d'environ 5 feuilles
in-12 (1).

Il n'est pas douteux que des exemplaires de ce petit livre
de piété ont dû échapper à la destruction, mais nous
n'avons pas su les retrouver. Quant au journal, à défaut
d'une collection complète qui n'existe nulle part, nous en
avons vu plusieurs numéros, dont le dernier, imprimé par
Véniel, est du 30 décembre 1849, XXI$^e$ année ; il était devenu in-4°.

### René-François Thierry

Cessionnaire de Jollivet, Thierry obtint son brevet d'imprimeur au mois de janvier 1830. Il donna son adresse sur
ces deux impressions :

*CHARTE de 1814 et Charte de 1830.* Se vend à Montmorillon, chez R.-F. Thierry, imprimeur, place du Marché, et
chez Chevrier, libraire, Grande-Rue, s. d. (1830). — In-16 de
32 p.

*DISCOURS prononcé par M. Brochain, le 7 septembre
1830, jour de son installation comme procureur du roi
près le tribunal de 1$^{re}$ instance de Montmorillon.* Montmorillon, imp. de R.-F. Thierry, place du Marché, s. d. (1830).
— In-8° de 3 p.

Il démissionna en avril 1838 en faveur de Jahyer, son
neveu.

(1) Arch. de la Vienne, T 6, liasse 15.

## Socrate.-G. Jahyer

Nous croyons qu'il était fils d'Étienne-René Jahyer et de Jeanne-Perrine-Eugénie Thierry. Étienne-René, après avoir été imprimeur à Angers à la fin du siècle dernier, alla prendre à Blois l'imprimerie de Jean-François Billault qu'il exploita de 1805 jusqu'à sa mort survenue le 18 avril 1815. Sa veuve dirigea habilement la maison et la transmit à l'un de ses fils, Félix Jahyer, qui est resté à sa tête jusqu'en 1849.

Socrate-G. Jahyer eut son brevet d'imprimeur le 2 juillet 1838. Sur un nº des *Affiches* de Montmorillon (8 sept. 1839), son adresse est indiquée place Saint-Martial. Voici ses impressions à notre connaissance :

*AUX ELECTEURS constitutionnels de l'arrondissement de Montmorillon*. (Signé : A. Lafond, avocat). S. d. (février 1839). — In-4º de 3 p.

*COMICE AGRICOLE de Montmorillon. Rapport au Conseil général*. 1840. — In-8º de 12 p.

*COMPTE-RENDU des travaux et des essais du Comice agricole du canton de la Trimouille. Assemblée générale du 8 juin 1840. Rapport*. — In-8º de 8 p.

*COMICE AGRICOLE du canton de Lussac-les-Châteaux*. (Année 1840.) — In-8º de 12 p.

*PROJET d'une école aratoire*. 1840. — In-8º de 16 p.
Ces quatre impressions sont ordinairement réunies.

C'est aussi Jahyer qui a créé le 18 décembre 1842 ce nouveau journal, bien que les *Affiches* fussent encore vivantes :

*L'Echo de la Gartempe, journal littéraire, historique, industriel, agricole ; modes, nouvelles locales, annonces et*

*avis divers . Paraissant une fois par semaine, le dimanche.*
— In-fol. de 4 p.

A une date un peu antérieure à 1851, cette feuille modifia son titre et devint : *La Gartempe, journal de l'arrondissement de Montmorillon; annonces judiciaires et légales.*

Elle vit encore aujourd'hui, et, ajoutant à son âge celui des défuntes *Affiches* de Jollivet, elle se dit dans sa 67ᵉ année.

### Charles-Hilaire Véniel

Il vint remplacer Jahyer en 1847. Son brevet d'imprimeur est du 5 février, et il y joignit le 13 novembre un brevet de libraire. Il garda sa maison jusqu'en 1872 et mourut à Montmorillon en décembre 1880. Il habitait rue de Concise.

### Raymond Veyssi et sa veuve

Avant de venir à Montmorillon, Veyssi avait travaillé chez son oncle Constant, imprimeur à Bazas, et il avait épousé sa fille. Il mourut le 24 février 1878, âgé de 29 ans, et sa veuve continua les affaires pendant deux ans encore. Il demeurait rue de Poitiers, puis rue de la Gare.

### François Goudaud

Ancien ouvrier de la maison Dupont, à Périgueux, il a acheté en 1880 l'établissement de la veuve Veyssi qu'il a transféré rue de la Fuie. Comme son prédécesseur, il ne

s'occupe que de l'imprimerie, avec l'aide de son fils. Voici la
liste de ses impressions :

*MES PREMIÈRES NOTES, poésies par P.-P. Le-
large.* 1881. — In-8° de 56 p.

*NOTES RÉTROSPECTIVES sur Saint-Martin-la-
Rivière (Vienne) et ses environs, par Édouard Tartarin.
(Extrait du journal la Gartempe.)* 1888. — In-8° de 140 p.

*ANNUAIRE-ALMANACH de l'arrondissement de
Montmorillon, 1895.* — In-8' de 7 feuilles, couverture il-
lust·ée en couleur.

Est intercalé de plusieurs feuilles de réclames et d'articles divers,
reçues tout imprimées de Paris.

*FERDINAND DUCHÊNE. Soleil de Mai, fantaisie ly-
rique en un acte.* 1895. — In-8° de 22 p.

*JOE FALCO. Brin-d'Osier, comédie en trois actes, en
prose.* 1895. — In-8° de 64 p.

Joë Falco est le pseudonyme de Ferdinand Duchêne, avocat à Montmorillon.

Goudaud a aussi imprimé en 1883 trois n°ˢ de *Poitiers-
Journal*, feuille qui vécut quelques mois seulement.

Il publie toujours *la Gartempe*, et la présente année a vu
éclore dans son atelier, au matin du 16 juin, cette nouvelle
feuille destinée à préparer les élections au Conseil général,
du 28 juillet :

*La Campagne, journal républicain de Montmorillon, pa-
raissant tous les dimanches, organe du Comité Républicain radical et des groupes républicains « Le Progrès » et
« La Vérité ».* — In-fol. de 4 p. à 3 col.

### Alfred Fontenaille

Il succéda, le 5 mars 1876, au sieur Massé, qui n'était
que lithographe, mais il monta bientôt une imprimerie

typographique dont il est sorti quelques ouvrages faits avec goût. Il y a joint un commerce de librairie.

*CHŒURS exécutés par les élèves du Petit-Séminaire de Montmorillon à la distribution solennelle des prix présidée par Mgr l'évêque de Poitiers, 28 juillet 1891.* Montmorillon, imprimerie « La Parisienne » (A. Fontenaille). — In-8° de 12 p.

*LA MAISON-DIEU et le Petit-Séminaire de Montmorillon, 1090-1894, par l'abbé E. Ménard, professeur, ... Ouvrage orné de neuf photogravures tirées hors texte.* 1894. — In-8° de VI-573 p.

*LE MISSIONNAIRE, ou l'Art des Missions, par le P. F. Hilarion, franciscain de l'Observance. Troisième édition, revue, corrigée et augmentée de plans de sermons.* Paris, chez Berche et Tralin, libraires-éditeurs, 1895. — In-32 colombier de XVI-392 p.

Il avait aussi fondé et imprimé ce journal :

*L'Echo de Montmorillon.* — In-fol. de 4 p. à 3 col.

Hebdomadaire. Le 1ᵉʳ n° est du 30 mai 1880, et le dernier, du 9 avril 1882. A partir du 22 mai 1881, le format a été augmenté et est devenu à 4 colonnes.

## Libraires et lithographes

Vers l'an II ou l'an III, alors que Chapoulaud apportait à Montmorillon la première presse, François-Didier MAINTROT ouvrait aussi une boutique de librairie et de reliure. Il était en même temps garde-magasin de la commune et il fit peu de bruit. D'après le rapport du sous-préfet en 1822, il ne tenait alors que quelques livres de religion et faisait son principal état de la reliure. Il mourut le 7 septembre 1827, âgé de 77 ans, dit son acte de décès, et veuf

en premières noces de Radegonde Deshoulières et en deu-
xièmes noces de Marie Perrin.

Pierre-Fidèle CHEVRIER, né à Poitiers, vint s'établir en
1825 à Montmorillon comme relieur. Au mois de juillet
1828, il demanda un brevet de libraire qui lui fut accordé
en novembre. Il fut chargé de la vente de la *Charte de
1814 et charte de 1830*, imprimée par Thierry, et il recevait
les abonnements au *Patriote de la Vienne*. Sa boutique
était dans la Grand'Rue.

Il fut remplacé par GOULLIER, dont le brevet est du
20 novembre 1835. Le nom de ce dernier figure sur les
annuaires jusqu'en 1868.

Charles DUGGÉ eut un brevet de libraire qu'il n'exploitait
plus en 1854.

Amable-Gabriel BELLEFONDS, d'abord relieur, obtint un
brevet de libraire le 5 mai 1836. Son nom se voit sur cet
ouvrage :

*VARIÉTÉS instructives, sérieuses et amusantes sur
les procès... par L.-Philippe Desneufbourgs, juge de paix
à Montmorillon (Vienne)*. Poitiers, Henri Oudin. libraire-
éditeur ; se vend... à Montmorillon, chez Bellefonds, libraire,
et chez l'auteur. 1855. — In-8° de 72 p.

Il démissionna en 1857 en faveur de Michel APOUX, ancien instituteur, dont la femme, Marie-Suzette Perrot, avait
déjà fait, le 15 mai 1849, la demande d'un brevet.

Apoux céda son brevet à M^me veuve LELARGE, qui a tenu
une petite librairie, rue du Vieux-Pont, jusqu'en décembre
1894, date de sa mort.

Mathurin-Charles Verdoix eut un brevet le 22 novembre 1853 et exerça jusqu'à sa mort arrivée le 23 mars 1894. Sa librairie, située dans la Grand'Rue, est passée à son fils et à sa fille.

Georges Verdoix fils est en même temps secrétaire de la mairie.

Pas autre chose à dire des lithographes, qui se sont succédé à Montmorillon, qu'à citer leurs noms, savoir :

Poupelard, dont le brevet est du 13 janvier 1841,

Chaboisseau (François-Victor), avec brevet du 15 mai 1850,

Mazereau (Louis), son successeur vers 1861,

Becquet, successeur, vers 1863,

Massé (Louis), avec brevet du 8 juillet 1870,

Fontenaille (Alfred), son cessionnaire en 1876, dont nous avons déjà parlé comme imprimeur.

# Chapitre IV. — CIVRAY

## André-Pascal Morisset

Civray comme à Montmorillon, ce fut la Révolution qui amena le premier imprimeur. Chaque chef-lieu de district était devenu, bon gré mal gré, un petit foyer d'agitation politique. Il fallait des presses pour répandre dans la moindre commune les actes multiples des autorités de tout ordre, procéder aux opérations de la vente des biens nationaux, tirer les billets de confiance (1). Les imprimeries des villes plus importantes se dédoublèrent et envoyèrent du matériel et des ouvriers là où il paraissait y avoir du gain à réaliser. A Civray, ce fut Morisset, prote de la maison Élies, de Niort, qui vint monter l'atelier typographique avec le matériel de Jacques Bujault, imprimeur dans la même ville (2). Le 11 messidor an II, la municipalité de Civray était requise par les administrateurs du district « de commander une charrette pour aller à Niort charger chez le citoyen Bujault, imprimeur, les objets nécessaires pour l'établissement d'une imprimerie

(1) On connait les billets de confiance de Loudun, imprimés par Challuau et Chesneau, les billets de la Caisse patriotique et les billets de confiance de Châtellerault imprimés par Guimbert, ceux de la Caisse patriotique de Montmorillon et de la Caisse patriotique de Saint-Savin, imprimés par Chapouland, ceux de la Caisse patriotique de Civray, imprimés par Morisset.

(2) Jacques Bujault exerça l'imprimerie à Niort de 1792 à 1798 environ, avant de devenir l'agronome distingué, si populaire dans les Deux-Sèvres.

dans la commune ». Le 18 du même mois, elle était de nouveau requise « de commander une charrette pour transporter de l'administration à la maison *la Feuilleterie-Passac* les ustensiles et effets servant à l'imprimerie de la commune» (1). C'est donc à cette date précise de messidor an II que la première presse commença à fonctionner à Civray.

Entre autres pièces qui en sont sorties nous avons vu les suivantes :

*DÉCRETS de la Convention nationale, du 4 ventôse, l'an deuxième de la République une et indivisible, relatifs au mode de paiement des Instituteurs des petites écoles et à l'organisation des Écoles primaires.* A Civrai, de l'imprimerie de Morisset, an II de la République. — In-4º de 11 p.

*AVIS aux créanciers des émigrés de ce district.* A Civrai, chez Morisset, imprimeur, an III de la République une et indivisible. — Placard in-4º.

Signé par les Administrateurs du district de Civrai le 17 vendémiaire an III.

*SCÉLÉRATESSE dévoilée, ou Robespierrisme du district de Civrai, département de la Vienne; Avec quelques réflexions morales et politiques. Par Norbert-Pressac, fermier-cultivateur.* A Civrai, chez Morisset, imprimeur, an III de la République. — In-8º de 54 p.

On peut aussi attribuer à l'atelier de Morisset cette autre pièce qui ne porte pas de nom de ville ni d'imprimeur :

*RÉPONSE à un de mes amis égarés par les ennemis des cultes, par le citoyen Norbert Pressac, correspondant de la commission d'Agriculture et des Arts, ex-prêtre.* An III. — In-4º de 4 p.

Enfin, dans des notes manuscrites sur l'imprimerie en

_____

(1) Archives commun. de Civray, *Reg. des délibérations du Conseil général de la commune.*

Poitou, M. François-Aimé Barbier (1), ancien imprimeur à
Poitiers, cite sans plus de détails des *Lettres sur la fabrication du salin...*, comme ayant la même origine.

Le 7 brumaire an IV, le Conseil général de la commune
délivrait un mandat de 437 livres à Morisset (2). C'est la
dernière trace de son séjour à Civray. La spéculation tentée
par les imprimeurs de Niort n'avait pas donné de résultats
bien brillants. Morisset retourna promptement chez ses pa-
trons. Il acheta en 1816 l'imprimerie de Pierre-Aimé Élies
et la conserva jusqu'en 1831.

### Dalpayrat et Pradier

Après le départ de Morisset, de longues années se pas-
sèrent sans que Civray revit fonctionner une presse. La
ville offrait trop peu de ressources pour encourager un
nouvel établissement. Pourtant, en juillet 1836, un imprimeur de Ruffec, Charles Piat, sollicita pour son fils un
brevet d'imprimeur-libraire à la résidence de Civray; sa
demande fut rejetée à cause de l'extrême jeunesse du can-
didat, qui avait à peine 16 ans. L'année suivante, Dalpayrat avait plus de succès; il obtenait un brevet d'imprimeur en lettres le 2 juin 1837 et un brevet de libraire à la
date du 28 février 1838.

Dalpayrat était prote de Prosper Barbou, de Limoges,
et celui-ci, qui était fort satisfait de ses services, le pressa
tellement de rester chez lui qu'il finit par y consentir.

---

(1) M. François-Aimé Barbier avait recueilli sur l'histoire de l'imprimerie
en Poitou un certain nombre de notes et de documents que son fils, M. le
conseiller Barbier, décédé récemment, a eu l'obligeance de nous communi-
quer. Nous y avons puisé d'utiles renseignements pour d'autres travaux en
préparation.
(2) Arch. commun. de Civray, *loc. cit.*

Avant même de s'être installé à Civray, il revendit donc son imprimerie à un autre compositeur de la même maison, un sieur Pradier, jeune homme peu sérieux, qui, craignant de n'être pas agréé par l'Administration, n'osa pas solliciter un brevet et se mit à imprimer sous le nom de Dalpayrat. Nous avons vu ce produit de son officine :

RÈGLEMENT *des écoles primaires de l'arrondissement de Civray.* 1838. — In-4° de 8 p.

Cette pièce a été aussi disposée et tirée en un placard in-fol.

M. François-Aimé Barbier, dans ses notes, mentionne encore très succinctement *Mes souvenirs politiques et parlementaires...*, que nous ne connaissons pas autrement.}

Pradier, toujours sous le nom de Dalpayrat, a aussi fondé ce journal dont le premier numéro paraît remonter au 15 décembre 1838.

*Journal littéraire, commercial, administratif, judiciaire, agricole, d'annonces et avis divers de l'arrondissement de Civray (Vienne).* — In-fol. de 4 p. à 2 col.

Paraissant le samedi. Il vécut sous ce titre jusqu'en 1845.

Le séjour de Pradier à Civray fut d'assez courte durée. En 1841, avec le consentement de Dalpayrat, il cédait son fonds de commerce à Bourdon et retournait à Limoges. Là il s'associa avec un sieur Pornin, acheta avec lui l'imprimerie de la veuve Blondel et fit faillite en 1846. L'établissement vendu alors à H. Ducourtieux et dirigé aujourd'hui par sa veuve et son fils, Paul Ducourtieux, a pris entre leurs mains une grande extension.

De son côté, Dalpayrat avait aussi acquis une imprimerie à Limoges ; il vit encore et achève sa 90° année.

### Joseph-Paul Bourdon

Ses brevets d'imprimeur en lettres et de libraire sont du
17 août 1841. Il continua l'impression du *Journal* et fut
remplacé en 1844 par Serph.

### J. Serph.

Celui-ci ne fit que passer et dès l'année suivante il démis-
sionnait en faveur de Ferriol. Il eut cependant le temps
d'imprimer cet ouvrage :

*ESSAI sur la distinction des biens, par M. F. Mala-
pert.* Paris, A. Durand, 1844. — In-8° de 237 p.

### Pierre-Adolphe Ferriol

Il était né à Bellac, le 5 janvier 1818. Il obtint, le 28 mars
1845, ses brevets d'imprimeur en lettres et de libraire ; plus
tard, le 4 avril 1863, il eut aussi un brevet d'imprimeur-
lithographe.

Ouvrages imprimés par lui :

*TARIF des honoraires des actes des notaires de l'arron-
dissement de Civray, adopté à l'Assemblée générale du
6 mai 1845. 1846.* — In-8° de 21 p.

*OBSERVATIONS sur les causes de la fréquence des
fièvres intermittentes dans les environs de Charroux, par
M. P.-V. Malapert, D.-M.-P. 1846.* — In-8° de 43 p.

*OBSERVATIONS sur la situation hygiénique de l'ar-
rondissement de Civray et sur les moyens de combattre et
de détruire ses différentes causes d'insalubrité, par P.-V.
Malapert, docteur en médecine. 1850.* — In-8° de 123 p.

*CATALOGUE des plantes vasculaires de la Charente-Inférieure, par Léon Faye.* 1850. — In-12 de 94 p.

*NOTES sur une excursion archéologique dans les communes de Bouresse, Gouex, Verrières, Lhommaizé, Mazerolles, Château-Larcher, Vivône, Saint-Martin-Lars, Charroux et Savigné (Vienne), par P. Amédée Brouillet,* ... 1863. — In-4°.

*INDICATEUR archéologique de l'arrondissement de Civrai, depuis l'époque anté-historique jusqu'à nos jours, pour servir à la Statistique monumentale du département de la Vienne, par P. Amédée Brouillet,... Précédé d'un Aperçu géologique et agronomique, par M. Brouillet père,... (rné de 5 cartes monumentales et de 150 planches...* 1865. — In-4° de III-391 p.

*LA BIBLE et l'Évangile, 200 préceptes de l'Ancien et du Nouveau Testament, recueillis par Evariste Carrance.* 1868. — In-8° de 25 p.

Ferriol transforma aussi le *Journal* fondé par Pradier et lui donna ce nouveau titre à partir du 4 mai 1845 :

*L'Écho de la Vienne, journal de l'arrondissement de Civray, paraissant chaque dimanche.* — In-fol. de 4 p. à 3 col.

En janvier 1872, il céda son imprimerie à Michaud, conservant pendant quelque temps encore la librairie et la reliure.

### Ernest Michaud

Originaire du Blanc (Indre). Il fut imprimeur seulement, mais non libraire. Voici une liste de ses impressions :

*CHEMIN DE FER de Niort aux lignes sur Limoges, avec prolongement sur Gannat par Chabannais, et sur Nevers par Montmorillon.* 1874. In-4° de 12 p.

*DE LA LOI sur la Chasse; ce qu'elle est, ce qu'elle devrait être. Par Jacquillou.* (Aristide Couteaux.) 1875. — In-8° de 16 p.

*OBSERVATION sur un cas de monstre double-autositaire, recueillie à Charroux (Vienne) par M. le docteur Jules Pasquet-Labroue...* 1875. — In-8° de 7 p.

*TARIF des honoraires des actes des notaires de l'arrondissement de Civray (Vienne).* 1877. — In-8° de 16 p.

*LE MATÉRIEL des Usines...* 1877. — In-4°.

**Impression faite pour une maison de Paris.**

*RÈGLEMENT adopté le 19 août 1881 par la chambre de discipline des notaires de l'arrondissement de Civray, en exécution de la délégation qui lui a été conférée par l'assemblée générale dans la séance du 7 mai 1881.* — In-8° de 19 p.

*QUELQUES MOTS recueillis sur les mœurs des fonctions judiciaires du substitut, par M. Mestreau, substitut, docteur en droit.* 1882. — In-8° de 32 p.

Michaud mourut le 12 mars 1882, et sa veuve tint la maison jusqu'à l'avènement du suivant.


### Eugène Moreau

Ancien ouvrier de Michaud, il a commencé son exercice le 16 octobre 1882, et, comme son prédécesseur, il ne s'occupe que de la typographie.

Ouvrages imprimés par lui :

*ALMANACH-ANNUAIRE administratif, commercial, industriel, littéraire, agricole, de l'arrondissement de Civray pour 1886.* — In-8° de 56 p.

**Moreau en a édité un autre pour l'année 1889.**

*UNE FÊTE à Mauprevoir, par Jean de la Chevillon-
nière* (Frédéric Martin). 1886. — In-8° de 16 p.

*LEÇONS pratiques sur les maladies des voies urinaires,
professées à l'école pratique de la Faculté de médecine de
Paris par le docteur J.-M. Lavaux, ancien interne des hô-
pitaux de Paris, professeur libre de pathologie des voies
urinaires à l'École pratique, etc.* Paris, Steinheil, éditeur,
1890. — 3 vol. in-8° de vi-317, 564 et 532 p.

*LA CHIRURGIE contemporaine des organes génito-
urinaires. D^r J.-M. Lavaux,... rédacteur en chef.* Paris,
Rédaction, 17, rue Godot-de-Mauroi; Administration, 15, rue
des Grands-Augustins. — In-8°.

Cette publication en est, en 1895, à sa 5* année et à son V^e tome.

*PATHOGÉNIE et Traitement préventif de la fièvre
urineuse, par le D^r Lavaux.* 1891. — In-8° de 8 p.

*ÉTIENNE SALLIARD. Tribunes et tréteaux, esquisses
parlementaires. Préface de André de Latour de Lorde.*
Paris, Ernest Flammarion, éditeur, 1891. — In-8° de xxiii-
196 p.

*INVENTAIRE des archives du château de Chambes,
paroisse de Voulême, baronnie de Ruffec en Angoumois...*
S. d. (1894). — In-8° de 28 p.

Par Raoul Brothier de Rollière.

*MANUEL de Pathologie des voies urinaires, par le doc-
teur Lavaux...* Paris, A. Coccoz, éditeur, 1893-1895. —
2 vol. in-8° de 352 et 589 p.

*RAPPORT présenté à MM. les Membres du bureau du
Syndical et du Comice de l'arrondissement de Civray sur
un projet d'organisation du Crédit mutuel agricole sous
le patronage du Syndicat.* 1895. — In-8° de 24 p.

Moreau publie toujours l'ancien *Écho de la Vienne*, dont
le titre s'est modifié depuis le 26 août 1880 et est devenu
aujourd'hui :

*L'Écho de Civray*, *journal de cet arrondissement.* — In-fol. de 4 p. à 4 col.

Nous devons encore mentionner :

*Bulletin du Syndicat agricole du Comice de Civray.* — In-4º de 8 p. à 2 col.

Le premier numéro est de Janvier-Février 1889. Paraît le 15 de chaque mois.

L'atelier typographique de Civray occupa d'abord dans ce siècle une maison située sur la Place d'Armes : il fut transféré par Ferriol dans la rue du Commerce, puis en 1874 dans la rue J.-J.-Rousseau. Depuis 1888, il est établi rue Louis-XIII, dans une vaste maison qui appartenait jadis à l'ancien prieuré de Blanzay.

## Les Libraires

Claudine-Zoé Texier, veuve de René VERGER, libraire à Ruffec, reçut le 6 novembre 1834 un brevet de libraire à la résidence de Civray. Cependant, dès l'année 1830, les abonnements au *Patriote de la Vienne* étaient reçus à Civray chez Verger. Nous ne nous attarderons pas à concilier ces dates. Plusieurs années avant 1851, ce brevet était inexploité.

CASIMIR, ancien professeur au collège de Civray, acheta vers 1874 la librairie que s'était réservée l'imprimeur Ferriol.

Il la céda en 1885 à Madame BILLARD, qu'on trouve en 1886 et 1889 chargée de la vente des *Almanachs-Annuaires* imprimés par Moreau.

# Chapitre V. — LOCALITÉS DIVERSES

## Lusignan

*EPISTOLA Joannis Monlucii, episcopi Valentini, regis Gallorum legati ad Poloniæ ordines, de illustrissimo Andium duce in regnum polonicum allegendo. Ejusdem Monlucii defensio pro illustrissimo Andium duce, adversus quorundam calumnias. Alia adversus hujus ipsius defensionis calumnias Zachariæ Furnesteri defensio pro justo et innocente tot millium animarum sanguine in Gallia effuso. 1573.* (A la fin :) Lusiniani Pictonum excudebat Ivo Durerius, mense Mar. Anno Domini 1574. — In-8° de 93 p. num., plus un f. blanc.

(Bibl. nat., Lb 34, n° 19.)

Si l'on s'en rapporte aux énonciations de ce volume, Lusignan (1) aurait possédé une presse et un imprimeur dès le xvi° siècle, et l'auteur du *Dictionnaire de Géographie à l'usage du libraire* a accepté cette opinion. La chose est possible, mais elle ne laisse pas de nous inspirer certains doutes. L'imprimeur quelconque de ce petit ouvrage n'aurait-il pas cherché à dissimuler sa personne sous une fausse adresse pour se soustraire aux vengeances de ses adversaires politiques ? Le libelle qu'il livrait au public était

(1) Les protestants s'étaient emparés du château de Lusignan au mois de janvier 1573 et ils l'occupèrent jusqu'au jour où le duc de Montpensier le leur reprit après trois mois de siège (octobre 1574-janvier 1575) et le rasa de fond en comble.

en effet un acte d'accusation très virulent contre les exécuteurs du massacre de la Saint-Barthélemy, et l'auteur s'était, de son côté, déguisé sous un faux nom ; d'après le P. Lelong (*Bibl. hist. de la France*, n° 18146), Zacharias Furnester est le pseudonyme pris par Hugues Doneau, célèbre jurisconsulte protestant (1). L'existence même d'Yves Durer ou Durier est contestable, car on ne retrouve son nom sur aucune autre impression. Nous n'osons donc pas être trop affirmatif sur un fait qui, dans la chronologie de l'imprimerie en Poitou, placerait Lusignan immédiatement après Poitiers, bien avant les villes de Niort et de Fontenay.

Sous la première République, Lusignan, qui était alors chef-lieu de district, fut sur le point d'avoir une imprimerie. Le citoyen Bujault, imprimeur à Niort, lui offrit une presse, des caractères et des ouvriers, à la condition de les envoyer chercher, vu la difficulté de se procurer des voitures à Niort. Ces offres furent agréées par le Conseil général du district dans sa séance du 21 prairial an II (2), mais nous ne savons quel empêchement fit échouer l'affaire au dernier moment; Bujault porta sa proposition ailleurs, et nous avons vu que ce fut Civray qui en profita quelques semaines après.

En 1886, un imprimeur du nom de Pierre Marsac a quitté la Mothe-Saint-Héray (Deux-Sèvres) pour venir s'établir à Lusignan. La pièce suivante est sortie de sa presse:

*UN ÉPISODE de la lutte religieuse de 1889 à 1893, ou*

(1) Hugues Doneau, né en 1527 ou 1528 à Châlons-sur-Saône, professa le droit d'abord à Bourges, puis, après la Saint-Barthélemy, à Heidelberg, à Leyde et à Altorf, où il mourut le 4 mai 1591 (v. st.).
(2) Arch. de la Vienne, *Reg. des délibérations du Conseil général du district de Lusignan.*

*la Vérité sur les événements de Saint-Sauvant, par Jacques Misère* (pseudon.). 1893. — In-8° de 42 p.

## Smarve

*CALENDRIER perpétuel à roues, propre à vérifier les dates et à servir d'Almanach ordinaire, par R. J. F. Desminières.* A Samarve, près Poitiers, stéréotypé et imprimé par l'auteur, 1812. — In-24 de 111 p.

La couverture imprimée porte ce titre différent : *Instruction ou conduite du calendrier perpétuel composé de seize roues, dont quelqu'unes ne se tournent que tous les cent ans; Propre à vérifier les dates...* Au 2e f. on lit : *Se trouve à Samarve près Poitiers, chez l'auteur; à Poitiers, chez F.-A. Barbier, imprimeur-libraire, place Notre-Dame.* Dans une pièce de vers qui est en tête du volume, l'auteur se dit « Desminière (*sic*) amateur de la typographie ».

L'impression fort incorrecte paraît être en effet plutôt le passe-temps d'un amateur que l'œuvre d'un ouvrier de profession. C'est le même Desminières qui, en 1836, a exécuté et signé trois lithographies dont l'une est un Plan topographique de Poitiers et les deux autres des Points de vue du bassin de Ligugé.

## Ingrande

*RENÉ BRICHETEAU DE LA MORANDIÈRE. Bricheteau de Gravelonne, de la Chesnay de la Morandière.* Sans nom de lieu, 1883. — In-8° de 33 ff. non ch. et imp. seulement au recto.

On lit à la fin : *Aut.-Imp. René Bricheteau de la Morandière.*

Cet amateur, qui avait pris à Paris quelques notions de typographie et en avait rapporté quelques caractères, se plut à composer une généalogie de sa famille et à l'imprimer lui-même dans sa propriété d'Ingrande.

## Ligugé

En 1891, les Bénédictins de Ligugé ont monté dans leur monastère de Saint-Martin une petite imprimerie dont le volume suivant est le premier produit :

*BIOGRAPHIES MONASTIQUES. Le Moine Bénédictin, par le R. P. Dom Besse, moine bénédictin de l'abbaye de Ligugé.* Ligugé, imprimerie Saint-Martin, 1892. — Pet. in-8° de viii-138 p.

Depuis, le jeune établissement a prospéré et il en est sorti de nombreux et importants ouvrages. Nous n'en donnons pas ici la liste, l'imprimerie Saint-Martin publiant elle-même des catalogues qui sont très répandus.

Il publie aussi, depuis le 1er novembre 1892, un *Bulletin de l'association de Saint-Martin*, dont le siège est à l'abbaye, paraissant le 1er de chaque mois en 16 pages in-8°.

## Mirebeau

Un brevet de libraire était délivré le 5 décembre 1845 à Eugène CHEVALLIER, né le 8 mai 1817 à Mirebeau.

Ce Chevallier est une figure qui ne manque pas d'originalité. Il cumulait les fonctions d'instituteur libre, de secrétaire de la mairie, d'employé auxiliaire des Contributions directes avec celle de libraire. S'étant lancé dans la politique d'opposition, il dut abandonner Mirebeau après le coup d'État de 1851 et alla vivre à Tours de son travail et de ses leçons. En 1872, ses opinions avancées l'obligèrent encore à quitter cette résidence et il se rendit à Paris, où il trouva un emploi dans les écoles communales. Entre temps il a écrit plusieurs ouvrages dont les plus importants sont ; *Histoire populaire de la France*, 1 vol. ; *Histoire populaire de 1789 à 1883*, 1 vol. ; *Leçons d'instruction populaire à l'usage des adultes*, 4 vol. ; *Etudes sociales*, 1 vol. ; *Faits et anecdotes relatifs à l'histoire de Mirebeau et du Mirebalais*, en cours de publication. Sur ce dernier ouvrage, qui est imprimé par son fils, devenu imprimeur à Asnières (Seine), il se qualifie « officier d'académie, président fondateur de la Société *l'Union des Instituteurs et des Institutrices publics de la Seine,* directeur du *Ralliement des Instituteurs*, professeur à Paris ».

Après le départ de Chevallier, en 1852, Almire AUPOIX avait reçu un brevet de libraire à Mirebeau.

### Neuville

Pierre MARIT fut libraire dans ce bourg en vertu d'un brevet du 25 juillet 1849 ; il figure pendant plus de 20 ans sur les Annuaires du département. Son commerce ne s'étendait qu'à quelques livres d'écoles et d'un ordre très commun.

### Chauvigny

Un sieur SÉGUÉLA y a exploité pendant quelques années un brevet de libraire qui lui fut délivré le 29 août 1861.

Chauvigny a eu aussi ses journaux :

*Le Petit Chauvinois, organe de la démocratie républicaine du canton*, in-fol. de 4 pages à 3 colonnes, dont le 1er numéro est du 12 octobre 1889, et qui paraissait encore le

13 août 1892; mais, à défaut d'une presse locale, il a été imprimé à Poitiers, d'abord par Barroux-Gauvin, puis par A. Masson.

*Le Républicain Chauvinois, organe du parti républicain,* imprimé à Poitiers par Millet et Pain, a daté son 1ᵉʳ numéro du 29 avril 1892.

*Le Républicain de Chauvigny, journal indépendant,* a débuté le 28 juillet 1895, imprimé par V. Petit, de Poitiers.

Dans le même ordre d'idées, nous pouvons encore citer, pour le département de la Vienne, d'autres feuilles d'un jour, échos des luttes engagées au mois de septembre 1889 sur l'arène électorale. L'*Echo de Saint-Julien-l'Ars,* l'*Echo de Neuville,* l'*Echo de Mirebeau,* l'*Echo de la Villedieu,* l'*Echo de Saint-Georges,* l'*Echo de Vouillé* parurent le 21 septembre, imprimés à Poitiers par Blais, Roy et Cⁱᵉ. Le parti adverse leur opposa le même jour la *Gazette de Saint-Julien-l'Ars,* la *Gazette de la Villedieu,* la *Gazette de Saint-Georges,* la *Gazette de Vouillé,* le *Radical Neuvillois,* le *Progrès Mirebalais,* imprimés à Poitiers par Descoust et Pain. L'impulsion étant donnée, l'*Echo de Vouneuil-sur-Vienne* sortait de l'imprimerie Blais, Roy et Cⁱᵉ le 21 décembre suivant, à l'occasion d'une autre élection. On peut supposer que pour de prochaines luttes ces produits de nos nouvelles mœurs politiques renaîtront de leurs cendres.

# ADDITIONS ET CORRECTIONS

**Note sur Quentin Maréchal et sur sa marque typographique.** — Entre l'année 1598, où Quentin Maréchal imprimait à Chaumont-en-Bassigny les *Modelles artifices de feu*, de Joseph Boillot, et l'année 1616, où il imprimait à Jargeau la *Sauvegarde des Rois*, de David Home, nous perdions complètement de vue notre imprimeur. Nous pouvons aujourd'hui combler en partie cette lacune, d'après deux passages des *Mémoires-Journaux* de Pierre de l'Estoile (1), qui prouvent que Maréchal exerçait encore en 1610 sa profession à Chaumont. Le chroniqueur dit en effet, à la date du 6 février 1610 :

« Un imprimeur, nommé Quentin Mareschal, demeurant à Chaumont en Bassigni, seul dans ceste ville faisant profession de la Religion Prétendue Réformée, m'a donné, ce mesme jour, la Défense d'un ministre nommé Chevillette, en l'église de Vassy, contre le minime de Bracancourt, qu'il avoit fait imprimer à Brousseval, lieu de ce baillage destiné à l'exercice de la Religion, in-8°, l'an 1607, qui grossira les pacquets de mes *Ministromachies*. »

On lit encore dans le même ouvrage, à la date du 7 avril 1610 :

« Le mécredi saint, 7° de ce mois, M. de Lespine m'a donné ung petit livret, qui ne se trouve point ici, imprimé à Chaumont en Bassigni par Quentin Mareschal, l'an 1601, contenant quatre discours dévots, de la pénitence, des indulgences, de la dignité du jour et feste de S. Jean-Baptiste, et des abus et superstitions qui se commettent, sous prétexte de dévotion, principalement à ce jour de Saint-Jean et autres semblables festes; composé par M° Regnaut Cordier, principal au collège de Chaumont en Bassigni. Ce petit livret est bon, et qui fait plus contre la superstition que pour... »

(1) Edition de Paris, Jouaust, 1875 et ann. suiv., tome X, pp. 138 et 195.

La *France protestante* des frères Haag, *verbo* Chevillète, confirme le témoignage de Pierre de l'Estoile au sujet du premier de ces livres. Elle entre même dans des détails plus précis : Moïse Chevillète, dit-elle, est « l'auteur de *Théorèmes et sentences contre le sacrifice de la Messe*, qui ne sont connus que par la réfutation qu'en fit le minime Miot (Chaumont, 1607, in-12); mais il adressa à celui-ci une réplique intitulée : *Deffense de Moïse Chevillète, ministre de l'église de Vassi, de ses Théorèmes et argumens enseignant comment il faut considérer la toute-puissance de Dieu, avec la réfutation des raisons de Georges Miot, minime de Bracancourt;* Brousseval, 1607, in-12. » Le nom de l'imprimeur n'est pas indiqué ici, mais il n'est pas douteux que ce soit Quentin Maréchal, et la réfutation du minime Miot doit être considérée comme un nouveau produit de son atelier de Chaumont. Quant à Brousseval, aujourd'hui petite commune du canton de Vassy, la *Deffense* du ministre protestant constitue peut-être l'unique essai d'imprimerie qui y ait été entrepris. Toujours est-il que le *Dictionnaire de géographie à l'usage du libraire* ne cite pas cette localité.

La marque de la *Religion chrétienne,* qui a été employée par Quentin Maréchal et par plusieurs autres imprimeurs protestants, est bien connue; il nous semble pourtant qu'on n'a nulle part indiqué son origine et déterminé sa signification exacte. Cette origine, nous croyons devoir la faire remonter à l'ouvrage suivant du célèbre Théodore de Bèze :

« Icones, id est veræ imagines virorum doctrina simul et pietate illustrium... quibus adjectæ sunt nonnullæ picturæ quas Emblemata vocant. » *Genevæ, apud Joannem Lao-nium, 1580,* in-4°.

Le livre est orné de portraits, et chacun des Emblèmes qui le terminent est figuré par de jolies gravures sur cuivre, accompagnées d'une pièce de vers latins qui en donne l'explication. L'Emblème XXXIX représente précisé-ment la *Religion chrétienne*, dont la pose et tous les attri-buts ont été copiés sur les marques typographiques qui en dérivent. Au-dessous on lit ces vers :

> *Quænam sic lacero vestita incedis amictu ?*
> *Relligio, summi vera Patris soboles.*
> *Cur vestis tam vilis ? opes contemno caducas.*
> *Quis liber hic ? Patris lex veneranda mei.*
> *Cur nudum pectus ? decet hoc candoris amicam.*
> *Cur innixa cruci ? Crux mihi sola quies.*
> *Cur alata ? homines doceo super astra volare.*
> *Cur radians ? mentis discutio tenebras.*
> *Quid docet hoc frenum ? mentis cohibere furores.*
> *Cur tibi mors premitur ? mors quia mortis ego.*

L'année suivante, Simon Goulard publiait chez le même imprimeur une traduction française des *Icones* de Th. de Bèze sous ce titre : « Vrais pourtraits des hommes illustres en piété et doctrine... plus XLIIII Emblemes chrestiens. » *Genève, Jean de Laon, 1581,* in-4°. Les mêmes gravures étaient employées et le traducteur présentait cette version très fidèle des vers latins de l'Emblème XXXIX :

> *Qui es-tu (di le moy) marchant si mal vestuë?*
> *Je suis Religion, de l'Eternel issuë.*
> *D'où vient ce pauvre habit ? fi de caduque arroy.*
> *Quel beau livre est-ce là ? de mon pere la loy.*
> *Que ne te couures-tu ? de rondeur suis amie.*
> *Que veut dire ta croix ? sans la croix ie n'ay vie.*

*Et tes ailes ? ie fay l'homme voler aux cieux,*
*Tes rayons ? i'aboli l'erreur pernicieux.*
*Ce frein ? l'ame par moy ses passions surmonte.*
*Et la mort sous tes pieds? la mort ie mords et dompte.*

Personne n'ignore combien ces dessins symboliques
étaient alors à la mode. Les *Emblèmes* d'Alciat, les *Devises
héroïques* de Claude Paradin avaient de nombreuses éditions et étaient dans toutes les mains ; plusieurs libraires et
imprimeurs leur empruntèrent le sujet de leurs marques.
On ne s'étonnera donc pas que la même faveur ait accueilli
les *Emblèmes* de Théodore de Bèze parmi ses coreligionnaires.

---

**Challuau et Chesneau, imprimeurs à
Loudun.** — Nous avons dit, page 24, que nous n'avions
pas de données sur l'origine de François Chesneau, l'associé de Vincent Challuau, imprimeur à Loudun pendant
la Révolution. Au dernier moment, M. Henri Grimaud nous
apprend que ce Chesneau était ouvrier de Breton-Challuau
à Chinon et que, dans les registres des délibérations de la
Société populaire de cette ville, figurent parmi les nouveaux
membres « Chesneau fils, imprimeur », admis à la séance
du 25 frimaire an II, et « Challuau le jeune, ouvrier d'imprimerie », admis à la séance du 2 frimaire suivant. La
première impression due à leur association à Loudun étant
du 30 ventôse an II, c'est donc dans ce court intervalle
qu'ils y montèrent leur presse, c'est-à-dire entre le 22 novembre 1793 et le 20 mars 1794, ère vulgaire.

---

La liste des impressions de **Bichon,** à Châtellerault (page 90), doit commencer par l'ouvrage suivant que nous avons omis :

*QUEL EST LE PLUS GRAND SIÈCLE?* Par le *P. Marin de Boylesve, de la Compagnie de Jésus.* 1870. — In-18 de 124 pages.

————

Page 90, ligne 4, *au lieu de* Louis XIII, *lisez :* Louis XVIII.
Page 92, ligne 26, *au lieu de* Montaut, *lisez :* Montant.
Page 98, ligne 8, *au lieu de* Ch. de Gresset, *lisez :* Ch. de Gressot.
Page 106, ligne 13, *au lieu de* A. Mot, *lisez :* A. Not.

# LISTE CHRONOLOGIQUE

## DES IMPRIMEURS ET LIBRAIRES

### DU DÉPARTEMENT DE LA VIENNE

### (hors Poitiers)

## CHAPITRE III. — **MONTMORILLON**

Extrait des Mémoires de la Société des Antiquaires de l'Ouest
(tome XVIII, année 1895)

# TABLE DES PLANCHES HORS TEXTE

ACHEVÉ D'IMPRIMER

*à Poitiers, le 25 mars* MDCCCXCVI

PAR

BLAIS, ROY ET Cⁱᵉ

www.ingramcontent.com/pod-product-compliance
Lightning Source LLC
Chambersburg PA
CBHW072248270326
41930CB00010B/2302